奔跑吧 兄弟 RUNNING MAN

《奔跑吧 兄弟》栏目组 编著

中国广播影视出版社

图书在版编目（CIP）数据

奔跑吧 兄弟 /《奔跑吧 兄弟》栏目组编著. —
北京：中国广播影视出版社，2015.3
ISBN 978-7-5043-7331-1

Ⅰ.①奔… Ⅱ.①奔… Ⅲ.①电视节目－拍摄－概况
－浙江省 Ⅳ.①G229.275.5

中国版本图书馆CIP数据核字（2014）第296705号

奔跑吧 兄弟
《奔跑吧 兄弟》栏目组　编著

出 版 人	王卫平
策划编辑	王　萱　宋蕾佳
责任编辑	曾　勋　刘郝姣
特约编辑	刘文硕　何　婷　牛晓琴
装帧设计	北京云鹤文化传媒 www.yunhewenhua.com
版式设计	Metis 灵动视线 TEL:010-59191852　李莹

出版发行	中国广播影视出版社
电　　话	010-86093580　010-86093583
社　　址	北京市西城区真武庙二条9号
邮　　编	100045
网　　址	www.crtp.com.cn
电子信箱	crtp8@sina.com

经　　销	全国各地新华书店
印　　刷	北京鑫海达印刷有限公司

开　　本	710毫米×1000毫米　　1/16
字　　数	150（千）字
印　　张	16.5
版　　次	2015年3月第1版　2015年3月第1次印刷

书　　号	ISBN 978-7-5043-7331-1
定　　价	42.00元

奔跑吧兄弟 RUNNING MAN

邀你笑出腹肌

出 品

浙江卫视　大业传媒集团　韩国SBS

编委会

主　　任	王卫平　夏陈安
	王　俊　苏　忠
总 策 划	林　曦　贺鹏飞　周冬梅
	俞杭英　谌　雯
主　　编	贺鹏飞
项目统筹	丹　飞　王兰颖　叶心怡
项目执行	陈宪芝　李潇潇
编　　委	（按姓氏笔画排序）
	王卫平　王兰颖　王克瑞
	王　萱　丹　飞　白海霞
	宋培学　林　曦　贺鹏飞

奔跑吧兄弟 RUNNING MAN

邀你笑出腹肌

目录
CONTENTS

奔跑吧 兄弟 RUNNING MAN

邀你笑出腹肌

总统筹 周冬梅

探索这世界无限的可能

《奔跑吧 兄弟》总统筹
浙江卫视节目中心主任　　周冬梅

2015年1月16日晚上11点，第一季《奔跑吧 兄弟》圆满收官。这一夜，期待再一次笑出腹肌的观众，在节目的后半段意外地被"离愁别绪"击中，笑中带泪。跨越甲午年整个秋冬的十五个周末之夜，千万个中国家庭早已习惯了"笨熊七只"的快乐陪伴，90分钟的欢笑过后，连梦境都变得格外畅快、轻盈。挥手作别的时刻，内心满满都是留恋和不舍。或许，与"跑男"光鲜亮丽的各项成绩单比起来，亿万观众内心深处的这份不舍更为无价。

清晰地记得第一次赴韩国SBS洽谈项目合作是去年的4月6日，首尔正值初春，惠风和畅、樱花怒放，我和麻宝洲副总监、大业传媒执行董事苏雄等前期项目组的伙伴们却内心忐忑，无意赏花。与名满亚洲的殿堂级真人秀《Running Man》的制作团队合作，研发一档面目全新的适合中国观众口味的明星户外竞技真人秀，让棚内综艺已经牢牢占据行业制高点的浙江卫视再添一枚现象级"核弹"，这是去年年初频道下达给节目中心的战书。从接下战书、赴韩谈判到组建团队、邀请艺人，从天南海北反复勘景到一次次推倒重来策划方案，从不分昼夜高强度拍摄到粗编精剪无数次审片，在长达半年多的时间里，作为项目总统筹的我每一天都神经紧绷、寝食难安，平均睡眠时间被压缩到了4个小时。且不说中韩合作的前五期中，两个语言文化、工作流程、生活习惯迥然不同的电视团队混编成一个朝夕相处、浑然一体的庞大工作群，打磨顺滑需要付出多少心力；不说七个当红艺人在3个月内协调出近 40 天的拍摄档期来来回回要费多少口舌、经多少周折；不说近 300 人的拍摄团队一天之内转战四五个场景，完成 18 个小时以上的拍摄需要怎样严丝合缝的指挥调度；也不说上百个机位、500 个小时的素材编辑成 90 分钟的播出带需要经过多少道工序，熬过多少个通宵；光应对拍摄现场难以计数的各种突发状况就足以让人心力交瘁了。记得最后一轮在重庆拍摄的第一天，由于合作单位不小心提前走漏了消息，下午的拍摄地点钟楼广场一下子聚集了 8 万多名围观者，人山人海、水泄不通。为了确保安全，节目组忍痛放弃了这一场景的拍摄。这个决定让导演组里素有"女汉子"之称的莎莎姑娘当场跪地泪奔，为了这场重头戏，为了搭建那口可供 50 人用餐的巨无霸火锅，她和小伙伴们不眠不休忙了整整一周。更让人抓狂的是，就算再沮丧、再崩溃，你都没有片刻发傻打蔫的权利，必须打起十二万分的精神，开动脑筋迅速想出替代方案，类似这样的情景在拍摄过程中几乎天天上演。在海岛，在沙漠，在闹市街头，在异国他乡，为了这档给亿万观众和网友带来无上欢乐的节目，制作团队如西天取经的唐僧师徒，历尽了九九八十一难。

节目初创阶段，在微信朋友圈里，我曾经用曾国藩的一段话激励过自己和团队："凡发一谋，举一事，必有风波磨折，必有浮议摇撼。坚忍力争而后有济。"正是凭着"坚忍力争"的执着和刚毅，我们走过《Running Man》死忠粉百般"求放过"的凛冽寒冬，迎来了亿万观众同声"求继续"的丽日暖阳。

细想起来，人生就是一场华丽的冒险。作为一个电视人，在自己有热血、有情怀、熬得起夜吃得起苦的年纪，能够与志同道合的伙伴一起，拼尽自己的智慧和心力，去探索这个领域里一切未知的可能，在我的理解中，这就是快意人生不可或缺的"诗与远方"。

感恩无与伦比的"七只"，你们为中国艺人探索出了放下身段，敞开胸怀，用滚烫柔软的真心贴近观众的可能；感恩一路同行的战友，你们用百折不挠、追求卓越的坚毅拓宽了中国电视的疆土；感恩每一位鼓励、点赞或者用善意的批评激励过我们的观众和网友，你们不离不弃的守候是我们前行路上最强劲的动力。

"每一次相遇，都是久别重逢。"奔跑，没有终点。春暖花开的 4 月，我们和"七只"一起，期待与您重逢。

一个全力以赴的团队
和 " 七只 " 的温暖相遇
——写在《奔跑吧 兄弟》第一季播后暨同名图书代序

《奔跑吧 兄弟》总制片人　俞杭英

2014 年 11 月 23 日凌晨 3 点，重庆科技馆，《奔跑吧 兄弟》最后一期的最后一个环节录影中，"跑男"最核心的撕名牌游戏已经持续了整整 8 个小时。

这期以"争夺武功秘籍"为主题的超能力巅峰对决，创下了第一季"跑男"撕名牌最长时间纪录。Follow PD 跟着兄弟们在场馆内跑了一圈又一圈，越到后面，离别情绪越浓，谁都不忍下手撕名牌。每一个兄弟 out 后，互相之间都是无声地紧紧地拥抱。最后的结尾，我们原本在重庆的江边安排了盛大的烟火作为整季节目的 ending，在这样的氛围下，我们悄悄撤回了所有已经布好机位的摄像导演，将结尾改在"监狱"这样一个便于情绪互动的空间。"七只"对着镜头深深鞠躬，所有在场的工作人员眼中泪光闪动。

闭上眼睛"享受""跑男团"集体亲吻的那一刻，我仿佛又看见相亲般第一次见面的时光：第一次在北京见到郑恺，看他在澳门塔蹦极的视频；第一次听陈赫慵懒地说他从不健身；和我一起坐飞机回横店拍戏的李晨，非要用自己的头等舱换我的经济舱；在淅淅沥沥的雨中蹲在北京郊区的影视城门口，吃着方便面等着宝强下戏……真快，转眼间，我们从西子湖出发，跑过了水乡跑过了韩国，跑过了大都市跑过了西域沙漠，一起经历水里雨里泥潭里……从夏到冬，隔着荧幕的陌生人变成了亲如家人的"伐木累"。

有同行评论当晚的节目"游戏做到带泪也是绝了"。并非刻意的设计和安排，观众看见的是奇迹般节节攀高的收视率，只有经历其中的我们才能真正体会这奔跑的意义。

做综艺节目十年，创办过多个新节目，还没有碰到哪一个节目像"跑男"这样一开始就面临如此多的关注、质疑和观望，网上"跪求放过"的呼声一浪高过一浪。5月，我带着导演组去大学做调研兼招实习生，20岁上下的年轻人当面直言中国很难有像韩国这样能用"生命娱乐"的艺人，对浙江卫视能否做好这样一个高难度的真人秀节目表示担忧。节目第一次开拍前，频道领导请"跑男"和团队吃开机饭，饭后在酒店的地下一层K歌，除了因飞机晚点缺席的Angelababy，六位兄弟肩并肩，用一只话筒合唱《真心英雄》，歌唱得有点声嘶力竭，带着一抹悲壮的色彩。

我们的团队绝无退路。不知情的人也许会认为团队压力来自于挑战《Running Man》，但很少有人知晓团队背负着更大的心理压力：打造《中国好声音》之外的第二个现象级节目。2013年年底，在户外真人秀掀起的第一波浪潮中，我曾带着这个团队的大部分核心人员制作大型户外亲子节目《人生第一次》，这场持续了半年、同样有近200人参与的艰苦卓绝的战斗，并没有带来期望的回报。仅仅时隔两个月，频道又下令再次集结精锐部队向现象级高地发起冲击。对团队来说，"跑男"是第二次也是最后一次机会。

一个团队和一群人就是在这样的压力下走到了一起。七位艺人，除了王祖蓝外，都是很少参加综艺节目的演员，镜头前"打嗝放屁"、素颜落水、翻墙走壁，甚至渴了直接喝洗脸水，百无禁忌。正是这样的特点，恰恰符合真人秀节目最核心的要素：真实。第一次录影从早上6点开始录制到次日凌晨1点，一天录影下来，对艺人的状态我们心里大致有了底。此前担心艺人不够娱乐的网友们也许没有想到，艺人们太"拿生命来娱乐"反倒成了我们最担惊受怕的事。前几期节目录影，无一例外都有艺人受伤：第一期陈赫背200斤重的大妈压伤了腰，第二期乌镇王祖蓝的脚背受了伤，第三期首尔录影时欧弟被林更新追到缺氧上了医院。中韩"跑男"7VS7大对决之前的夜里，韩方总导演曹导非常正式地找我谈了一次话，担心第二天这十四个人因为正面相遇产生身体冲突而受伤，尤其是"危险人物"李晨需要重点防范,"当然,韩方金钟国的工作由我负责做。在韩国《Running Man》开播阶段,艺人受伤的情况也是难免的。"也许是怕我有误会,他补充道。第二天现场录影果不出所料,在两个"能力者"惊心动魄的对决中,李晨最终还是眼角受了伤。

从杭州到首尔、济州岛,我们在喜忧交集中录完了前两轮节目。

"跑男"的第一次大危机,发生在韩国团队全部撤出之后的第三轮录影期间。那天半夜,我们从12级台风中心舟山结束"逃离秀山岛"的录影,连夜转场上海。刚换下全是泥浆的衣服,就接到邓超的微信,让我到他的房间,有事要谈。敲门进去,"七只"齐刷刷坐在沙发上,神情从未有过的严肃,是谈判的架势。起因是次日上海这一天最保守估计的总录影时间少说又得20个小时,"这样录下去,兄弟们都要录残了"。我无言以对:为了真人秀情绪的连贯,节目的录影必须在一天之内完成,而最后撕名牌的场地又需要全封闭,很多时候只能在晚上场馆闭馆或者歇业之后,这样一来,每次奔跑最少也得18小时。如此庞大的团队录制,半夜调整计划的可能性几乎为零,我只能采用缓兵之计,承诺下次录影尽量缩短转场时间,在场地和流程的安排上更合理。

所以日后面对媒体采访,我经常说的一句话,在整个第一季节目的操作过程中,曾经最担心的事并非团队不能胜任如此复杂的户外真人秀节目,而是艺人的安全,以及他们是否能一直保持刚刚奔跑时的状态。

上海谈话之后,收视率的考验接踵而来:此前被领导和媒体看片会赞不绝口的第一期节目,在收视率上却来了个出人意料的"低开"——收视1.2,离现象级的期望值落差不是一点点。第四轮敦煌录影前,正是节目播出之后的第一次见面,我不知如何面对每天近20个小时奔跑的兄弟们!

接下来,"七只"的反应让我永远难忘!邓超,那个那天晚上"挑头"提出录影时间太长的"跑男"队长站起来向我们在场的核心成员敬酒,说:"收视一定会越来越好,我坚信!你们已经做得很棒了!"没有一个人抱怨收视,每一个人讲的都是节目如何好看，身边的人如何津津乐道。也就是在那次，"跑男团"经历了体力消耗最大的一次录影。沙漠奔跑让"大黑牛"李晨都累趴在了地上，AB第一次累到脸色发白在一边吐清水。但是也是在这轮录影中，两位"女汉纸"在月牙泉边激战三百回合，难解难分，上演了让人惊叹的"骑骆驼撕名牌"。没有人留意到沙漠里已急剧降到零下的温度，没有人留意时间又走到了后半夜。

第一期节目播出后，我们在后期的剪辑理念上进行了调改。观众喜欢热闹好玩的开场，要把"烧脑"的游戏设计解释得相对清楚明白，同时中国观众喜欢看到更多自己熟悉的东西。从第三轮录影的第六期节目开始，韩方人员全部撤出，从创意到执行完全由"跑男"团队独立操作。在设计上，我们更多地结合中国的地域特色和传统文化，大上海1933年的穿越、西域通商、大漠公主、重庆火锅家族争斗，观众在"跑男"里看到熟悉的打地鼠、绕口令、掰手腕，艺人们在设定的情境和角色中童心大发，乐此不疲。

敦煌录影之后，"七只"再没有提出过录影时间的问题。从第二期开始，"跑男"的收视率一路高歌猛进，势如破竹。破2、破3，直至最后两期连续破4，网络热搜榜、微博阅读量和视频点击率均位列综艺节目排行榜第一。《奔跑吧 兄弟》无可争议地成了2014年度最具影响力的现象级综艺节目。

七位艺人已经很少受伤了，从纯粹地真实展现、全情投入到玩各种哏，他们的成长有目共睹："学霸"邓超、"天才"陈赫、"小猎豹"郑恺、"大黑牛"李晨、"捡漏王"祖蓝、"少林宝强"、"女汉子"Baby，每一个人的形象都生动无比；他们懂得如何在撕名牌的紧张对抗中加进诸多让人捧腹的综艺点；他们懂得如何把更多的哏抛给前来做客的嘉宾，在"互踩"和"自损"中制造"跑男伐木累"的快乐。网上用这"七只"和那"七只"比较的声音早已淡去，取而代之的是每个周五晚上毫无顾忌的笑声。

最后一期节目播出的当天中午，我接到了郑州一位从事电子仪器检测的工人的电话，说自己的一儿一女都在上小学，每周五看"跑男"是全家最开心的一件事，第一季就要结束了，专门给"跑男"写了一首歌，一定要发过来给我们听一下。"从不退缩屈服，总要勇敢面对……就像一把神奇的钥匙，打开心中能量，此刻的心情是那么豁然、敞亮……"歌词写得并不华丽，甚至近乎直白，但所有情绪的表达都准确无误。

真人秀是创作者通过参与的艺人或选手，向观众传达情绪的一种节目形态。一个始终奔跑在路上的团队和全情投入的"七只"相遇，经历过被质疑、被观望，经历过拼尽全力却依然没有掌声的失落和彷徨，互相温暖，彼此扶持，和观众一起分享奔跑的意义，这是世间最圆满的事。

由于时间的关系，本书收录的文章和图片基本上以七位艺人和嘉宾的录影剧照为主，涉及团队的照片很少。一个半小时的节目，背后是几百倍于时长的素材录制，导演、编剧、摄像，以及众多幕后工作人员几千倍于时长的付出。也许通过一个个被定格的瞬间，你也一样能读懂这样一群人：不分昼夜、不知疲倦、永不放弃、永不停歇。

谨以此书纪念我们在 2014 年曾一起经历的 15 次真心的、放纵的奔跑。

人物介绍

俞杭英，《奔跑吧 兄弟》总制片人，浙江卫视节目中心副主任。2005 年曾创办中国第一档户外交友节目《男生女生》；2008 年开始创办原创大型 K 歌节目《我是大评委》，全年周直播节目《麦霸英雄汇》；2011 年开始担任《中国梦想秀》第一、第二、第三季总导演；大型优质婚恋交友节目《转身遇到 TA》总导演；2013 年推出大型户外亲子真人秀《人生第一次》。

总制片人俞杭英

第一期
杭州

白 / 蛇 / 传 / 说

《奔跑吧 兄弟》
首播获网友疯狂点赞

邀你笑出腹肌

　　在 2014 年第三季度的 3 个月里，每到周五，微博和朋友圈就会被《中国好声音》的实时评论刷屏。不过，在"后好声音时代"这样的现象还会继续吗？看过第一期的《奔跑吧 兄弟》后，网友和观众的反应给出了一个确定的答案：那是必须的。

　　《奔跑吧 兄弟》是由浙江卫视精英团队和韩国 SBS 王牌制作团队——《Running Man》核心制作人员联袂为中国观众量身订制的一档大型明星户外竞技类真人秀节目。优良的韩国基因，嫁接精彩的中国元素，浙江卫视周五黄金档强势播出，各大视频网站联手封推，赢得观众"笑出腹肌"的怒赞。

全程爆笑无尿点
"年度最欢乐节目"当之无愧

　　《奔跑吧　兄弟》早在播出前的录制阶段就已经受到了广泛关注，而广大网友对节目最大的疑问，就是能否做到像韩国《Running　Man》一样精致、欢乐。节目播出后，微博里瞬间被关于"跑男"的话题刷屏，网友们纷纷表示《奔跑吧　兄弟》堪称"年度良心之作"，全程无尿点，笑得根本停不下来，"路

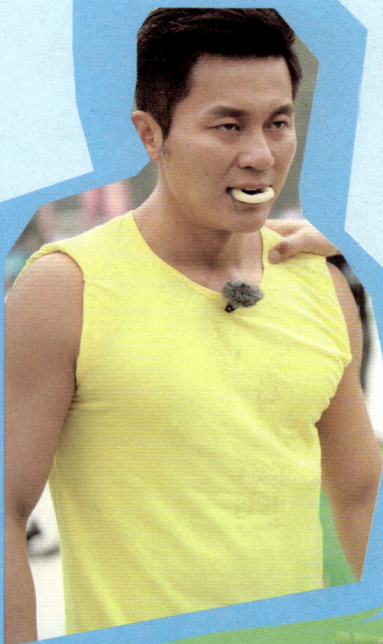

"下得了水、上得了墙，为了节目效果也是蛮拼的。"

转粉"、"黑转粉"是必需的。不少《Running Man》的"死忠粉"也"点赞"称节目的精彩程度超出了他们的预期。中国特色的广场舞、《白蛇传》和"卷春饼"游戏让人眼前一亮。尤其是七位"奔跑团"成员的表现可圈可点，"下得了水、上得了墙，为了节目效果也是蛮拼的"。还有粉丝在看完节目后惊喜大呼："以后每周都能看两次'跑男'，简直不要太幸福。"

　　在《奔跑吧 兄弟》之前，国内对于户外竞技综艺的印象大都停留在几年前的闯关游戏上。以"寻宝"为主题、拥有完整故事主线的《奔跑吧 兄弟》，几乎从根本上颠覆了大家对于户外竞技综艺节目的印象。在游戏中，指压板、弹射椅、水上乒乓台等新奇的高精尖道具，更是令大家耳目一新。不少网友直呼："看完《奔跑吧 兄弟》再看以前的那些节目，就像吃过高级牛排后再去吃快餐一样，索然无味。"

你是猪
吗？！！！

Part 2

紧张刺激、惊喜反转
《奔跑吧 兄弟》全程欢乐停不下来

    作为一档以创造欢乐为宗旨的综艺节目，《奔跑吧 兄弟》在制造笑料方面可谓不遗余力。在总共不到100分钟的节目时间里，大大小小的笑点加起来甚至多达上百个。平均每分钟笑一次的频率，也让这档节目只播出一期就被网友封为"年度最欢乐节目"。

如果 我赢了 就给我 **3** 秒钟 时间逃跑

OH! NO !

OH .

　　在玩"撕名牌"游戏时，"小鲜肉"郑恺复活后，从知道邓超从"铃铛人"手中逃脱的惊奇；到瞬间再次被金钟国发现的惊吓；再到与金钟国的各种搞笑拖延、交涉——被牢牢抓住无力逃脱的他甚至想出了靠猜拳来赢得逃跑时间的方法；最后无奈再次被淘汰，还要被队友陈赫无情吐槽"笨得像猪"。短短3分钟内就贡献了近十个笑点，密集程度和精彩程度甚至超越不少搞笑大片。不少网友看完这段后直呼"腹肌都被笑出来了"。

　　还有不少网友表示，《奔跑吧 兄弟》完全不同于之前看过的其他任何节目，从一开始就设定了一个充满悬念的主题，一直到结束，大家一路都在紧张、刺激地比拼玩游戏。期间穿插的各种惊喜反转，简直让人完全停不下来，要搞笑有搞笑，要热血有热血。每次公布任务时，明星们的"颜艺"表情都让人忍不住想要暂停截图。当看到第二个任务是记上菜顺序后，呆萌的马苏瞬间张大的嘴巴，几乎能塞下两只鸡蛋。王祖蓝在最后阶段也来了一次从胆小的"躲猫猫小王子"到勇敢的"挑战者"的华丽转身。在看到金钟国的瞬间他没有逃跑，反而直面挑战，那一刻令人心潮澎湃、激动不已。

陈赫
跳一百次
！！！

马苏

王祖蓝

节目组表示

现在大家工作、生活节奏紧张，而观众能在节目播出的几十分钟内忘记烦恼，开怀一笑，就是对我们最大的肯定。

这就是飞椅
!!!

Part 3

弹射落水、素颜拼搏
大牌放下身段展现最真实一面

在节目播出前，网友们对节目最大的担心，莫过于中国的"奔跑团"能否像韩国《Running Man》的七位 MC 一样不顾形象、放下身段。甚至《Running Man》的总导演在与中国的导演组首次见面时问的第一个问题就是："中国的艺人能做到放低身段，满地打滚吗？"事实证明，他们能！

节目组透露，每一天的录制都超过 18 个小时，堪称"工作量最大的娱乐节目"。

节目组透露，每一天的录制都超过 18 个小时，堪称"工作量最大的娱乐节目"。而且明星们对今天玩什么、将有什么挑战，事前都是完全不知情的。然而，对"跑男天团"而言，在每天超过 18 个小时的奔跑中面对的每一个挑战，他们都会全情投入，不打折扣地完成。

坚持
就是胜利
!!!

90 秒挑战指压板，节目播了两次，而实际上前后录制了六次。

在《奔跑吧 兄弟》中，90 秒挑战指压板，节目播了两次，而实际上前后录制了六次。明星们凌晨 4 点钟就从酒店出发赶往现场，"刀山火海"跨了五次，200 斤重的大妈背了五次。在其他节目中玩游戏的惩罚，最常见的不过是被喷两秒干冰；在《奔跑吧 兄弟》中却是在毫无预兆的情况下，被弹入水中。所有人加起来前前后后共入水五十多次。"型男"邓超捞起洗脸水盆里的水就喝，哪儿还顾得上形象。只有 80 斤重的 Angelababy（杨颖）背起陈赫前进的镜头也让人惊呼：这是要暴走吗？

巅峰对决
一触即发

全情投入，挑战自我

　　正是有"竞技"的内涵在，明星们才真的愿意全情投入，去挑战自我，展示自我最真实的一面。正因为全情投入，Angelababy才会背起陈赫奔跑；正因为全情投入，在获胜后明星们才会全部跳入水中庆祝；正因为全情投入，在"撕名牌"的任务中，大家才会互相把衣服都扯了个稀巴烂，而李晨最终获胜后才会仰天长啸。网友@晴天小猪在看完节目后感叹："《奔跑吧 兄弟》完全颠覆了我对国内综艺节目的'三观'，没想到明星还能这么玩！游戏还能这么狠！从来没看过'女神'笑得这么活泼、这么'二'。这七个，全是'逗比'！"众位大牌明星在游戏中的各种真实反应，让观众见识到他们与荧幕上不同的一面。各种充满惊喜的发现，令观众大呼过瘾。

Part 4

玩儿命竞技、团结协作
比快乐更比励志

在首期《奔跑吧 兄弟》中，明星们要各自组队完成任务，团结协作必不可少。在节目的爆笑和"逗比"背后，全情投入的明星们也展示了满满的正能量。

用力过猛的王宝强在西湖边晕头转向地扎进了水里，拼命程度可见一斑。在队友马苏遭遇"铃铛使者"时，为救队友，邓超冒着危险主动挑衅"铃铛使者"，无愧于"队长"角色。

身材小小的王祖蓝，更是多次"挑战自我"！不论是在指压板游戏中不计成绩挑战单杠，还是在拿到"提示卡"的那一刻瞬间变身"战士"，敢于正面挑战"能力者"金钟国，每次挑战都令观众大为动容。网友们纷纷表示："虽然最终结果不怎么样，但王祖蓝走向金钟国的时候，觉得他真是勇敢。"

我们是兄弟！！！

最后一幕，邓超和李晨"兄弟齐心"对战"最终 BOSS"，更让人血脉贲张。最终在二人的共同努力之下，李晨绝地反击，撕掉了金钟国的名牌，获胜一刻仰天长啸。网友评价："比奥运会还刺激！这就是兄弟！就是勇气！就是胆量！"

在节目播出之后，获胜的黄队邓超、李晨和马苏捐出了自己的获胜奖品——祈福金条。陈赫则捐出了一双自己保存多年的飞鞋。这些物品在《奔跑吧 兄弟》旗舰店里当晚拍卖成功，所得的款项由中国青少年发展基金会全部落实到贵州省铜仁市谯家镇大土村小学，给那里的孩子们购买体育设施及跑鞋。

《奔跑吧 兄弟》节目的大部分时间都在创造快乐，而在娱乐的外表下也隐藏着一颗颇具人性的精神内核，在充满欢乐的气氛中所展现出的励志精神更是值得回味。

第二期
乌镇

寻/找/前/世/情/侣

奔跑吧
兄弟 RUNNING MAN

《奔跑吧 兄弟》惊现"前世情侣"
乌镇上演"亲吻"戏?

第二期
乌镇

寻/找/前/世/情/侣

全员到齐

在第一期节目播出过后的一周里，微博、贴吧和各大门户网站的综艺版块，几乎都被接档《中国好声音》的《奔跑吧 兄弟》"承包"了。首播精彩内容在节目刚一播出时就引发网友的激烈讨论。不少网友才刚看完第一期，就表示迫不及待想要看到第二期了。

本期节目中，除了陈赫，剩下的六位"奔跑团"成员在乌镇与"宅男女神"娜扎、"运动女神"张蓝心、"阳光女神"唐艺昕和"霸气女神"谢依霖一起组成五组"前世情侣"，通过重重考验，找寻遗失在时空中的"恋爱记忆"。节目中，"女神"们与"奔跑团"一起为了完成任务抛掉所有顾忌，一路向前。不论是"吃饼干"还是在泳池里"拼抢爱心"，"女神"们纷纷化身"女汉子"，惊呆现场所有人，场面十分火爆。

"宅男女神"
娜扎

"霸气女神"
谢依霖

"奔跑女神"
RABY

"运动女神"
张蓝心

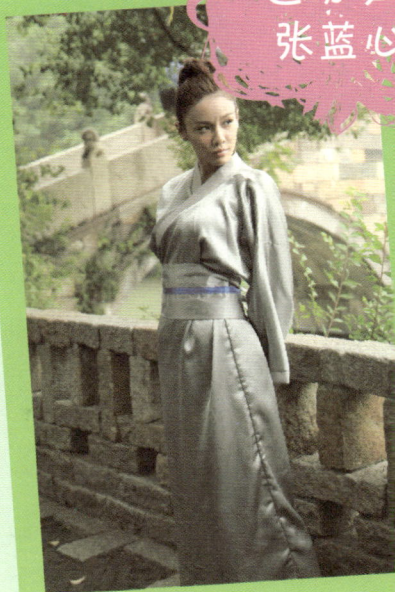

"阳光女神"
唐艺昕

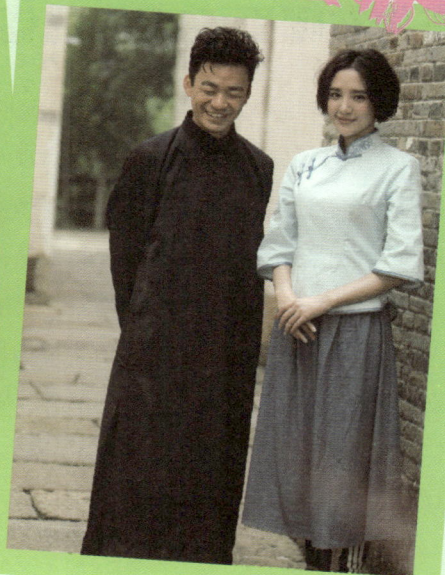

Part 1

骰子大乱斗 浪漫同船渡
搭档在哪里 花田犯的错

在本期节目中，明星们明显越玩越"high"。Angelababy完全颠覆了此前网友们对她的看法，她的表现用一个词来概括就是"惊艳"，因为她懂得付出。在第一关"掷骰子"游戏中，为了求作为对手的老板们手下留情，Angelababy一会儿挥起做糖饼的大锤给老板们"卖苦力"，一会儿将唇印印在手绢上"献香吻"，卖力又古灵精怪的样子，看得网友们大呼："实在太可爱了，好想和老板们换一换啊！"当五组"情侣"坐船游乌镇时，大家不禁感叹氛围的美好，可是"好雨知时节"，不知不觉下起了雨，而且越下越大。幸好岸上的粉丝们友情支援雨伞，明星们才得以继续浪漫同船渡，欢乐雨中行。

我还没打开你，你怎么就打开自己了

花田找搭档

　　在"花田找搭档"游戏中，当其他男生都在奋力寻找自己的"另一半"时，邓超却好像《分手大师》里的"梅远贵"附身一般，贱萌无敌地开始和水缸里的大妈玩了起来，还不时用言语"调戏"大妈，幼稚搞笑的样子令人哭笑不得；而王祖蓝还未靠近水缸，便被里面的大妈主动"攻击"了一回，被泼了一身水的他郁闷得连话都说不清了，大吼道："我还没打开你，你怎么就打开自己了。"这句话也被网友评为"本期金句之一"。

Part 2

吃饼干上演"吻戏"
五组"情侣"也是蛮拼的

　　在追寻"前世记忆"的过程中，五组"情侣"的默契配合可是必不可少的。在游戏中除了拼运气、拼本力，吃个饼干都要拼胆量才能获胜。在"吃饼干"游戏环节里，"情侣"二人必须将一根手指饼干用嘴对嘴的方式吃到剩余不足一厘米，才算完成任务。这对"天不怕地不怕"的邓超来说可是一个不小的挑战。作为一个"有家室的人"，在和自己的"前世情侣"娜扎玩游戏之前，邓超还得先向"老婆大人"孙俪"起誓"："我用我的

人家是有
家室的人

生命保证，不碰到嘴。"娜扎也表示"娘娘"的无形压力向自己袭来。但
两人还是一咬牙，豁出去了，来就来吧！可正当他们小心翼翼地努力吃饼
干的时候，李晨和谢依霖也抵达，开始"吃饼干"的任务。胆大心细的二人，
真是拼了，以迅雷不及掩耳之势瞬间反超，将饼干很快就吃到短于一厘米，
成为第一组完成任务的"情侣"。在他们欢呼庆祝时，邓超和娜扎虽然也
吃完饼干了，但是因为"压力太大"未能达标，不得不从头开始上一个任务。

吃饼干上演"吻戏"

　　另一边的 Angelababy 和郑恺在游戏中也遇到了同样尴尬的局面。
不过"女神"显然比"男神"要豁得出去，三下五除二就主动将饼干吃到
很短。郑恺先是震惊，不过马上就掌握到节奏，全力配合 Angelababy。
即使在李晨和谢依霖的"强势围观"下，两人依然顶住了强大的心理压力，
将饼干顺利吃到一厘米以内，成为第二组挑战成功的"情侣"。其他的队
伍只能再次从上一个任务重新开始。而赢家们早已得到作为胜利者的奖
励，一边在一旁"幸灾乐祸"，一边为下一场挑战积蓄体力。

太猛了，
我觉得我们
弱爆了。

!!

Part 3

谁说女子不如男
五"女神"水下大战，吓坏"男神"团

　　本期节目中，《奔跑吧　兄弟》节目组再度延续一贯的高精尖豪华道具风格，为制造惊喜不遗余力，直接在乌镇搭建起一个水上竞技台。嘉宾们要在水里拼抢"爱心"并献给自己的"另一半"才算胜利。在一开始男生的拼抢中，几位男生你争我夺、有守有攻，凭借机智与力量才能完成任务。在之后的特别加赛中，"情侣"们身份互换，女生成了拼抢"爱心"的一方。于是一场好戏就此开演。

　　都说"三个女人一台戏"，五位"女神"在一起，那阵势就连拍过《分手大师》的邓超都看傻了眼。看着五位"女神"在水中不计形象地撕扯拼抢，一旁的邓超不由得感叹道："太猛了，我觉得我们弱爆了。"其他男生也是一副目瞪口呆的样子，最后都不禁为"女神"们鼓掌加油。

还好没有我
！！！

　　要说男生玩游戏，多多少少还会留一两分力，拼抢不过，还会用点计谋。但女生一旦抢起来，表现出的毅力和精神可是连男生都自叹不如。为了抢到"爱心"，五大"女神"可是不遗余力，挤作一团也拼死不放手。一旁的郑恺担心Angelababy会受伤，不由得提醒了一句"再抢就出泳池了"。谁知Baby女神"女汉子"精神爆发，直接回了一句："就算到西湖我都会抢回来的。"

　　随着各位"奔跑团"成员艺能感不断加强，相互之间更加熟悉，默契程度也不断提高，第二期节目不负大家的期待，从各方面来看较第一期节目都有很大的进步，给大家带来了更多的快乐。

古力娜扎

谁说女子不如男

第三期
韩国

人/再/囧/途/之/韩/囧(上)

奔跑吧
兄弟 RUNNING MAN

《奔跑吧 兄弟》首度跑出国门
大闹韩国上演"韩囧"

友好握手

　　在前两期跑过杭州和乌镇后，第三期《奔跑吧 兄弟》首度跑出国门，奔赴韩国，开始异国奔跑之旅。

　　2013年年末，一部《泰囧》不但创造了票房神话，也将"人在囧途"这一概念炒得火热。本期节目中，在《泰囧》中有过出色表现的"宝宝"王宝强，带领一众"奔跑团"成员及嘉宾林更新、欧弟、王丽坤来到了韩国。为了找到线索完成任务，他们可是相当努力，怎奈一路磕磕绊绊，囧事不断，来了一场"韩囧"之旅。

护照丢啦
？？？

Part 1

"奔跑团"全程"人在囧途"
笑喷、累瘫囧事不断

　　身处异国、语言不通、人生地不熟的"奔跑团"和嘉宾林更新、欧弟、王丽坤一行人，这次结结实实地"人在囧途"了一把。玩游戏找不到要找的食物，做任务找不到目的地，一群人在偌大的首尔跑来跑去，晕头转向，简直比囧更囧。

简直比❤更❤

　　即便如此，节目组也没打算放过这群落入"囧途"的难兄难弟，竞争依然无处不在。在"小吃大 Bingo"游戏中，为了能抢先一步完成任务，明星们撑到死、吃到吐已经见怪不怪。"女汉子"Angelababy 更是再度展现出与其体型完全不符的诡异食量。在如此高强度的录制后，欧弟和林更新还因为太累打起了呼噜，瞬间变身成"睡梦终结者"，直接把队长邓超"逼疯了"。在"健身 KTV"这个环节中，完全素颜、一脸迷糊的"奔跑团"和嘉宾们，刚起床就不得不拿起杠铃、爬上单杠、唱起歌来，那一瞬间用鬼哭狼嚎来形容都毫不为过。

怕煮
？ ？ ？

孙得
？ ？ ？

Part 2

怕煮？ 孙得？
奇特韩国美食难倒"奔跑团"

    正所谓物极必反，恰到好处的美食是难得的享受，但超越承受极限的美食就成了痛苦的折磨。一来到韩国，"奔跑团"面临的第一个任务就是与美食的痛苦战斗。不过，面对无尽的美食，先难倒他们的还不是食量，而是名称。

傻傻
分不清
TT

　　游戏中，明星们必须根据食物的音译，在偌大的美食广场中寻找正确的美食并全部吃掉。对韩语一窍不通的明星们光是听着"怕煮"、"孙得"这样莫名其妙的名字，就已经有点头脑发晕，再听当地的店主们叽里呱啦一通说，就连在前两期节目中展现过流利英语的郑恺和 Angelababy 也开始舌头打结，只能磕磕绊绊地一边猜一边找。

对于我这种吃货来说，这个任务简直太简单了。

　　不过，艰难的沟通却没能浇灭吃货心中的热情。作为娱乐圈有名的吃货，Angelababy在《十二道锋味》中就已经展现出与身形完全不符的惊人食量，把见惯了大场面的"谢大厨"都吓了一跳。这次来到韩国，刚进入美食广场，Angelababy就已经忍不住激动得尖叫起来，在听到任务后更是一脸得意地直接表示："对于我这种'吃货'来说，这个任务简直太简单了。"在队伍中最瘦弱的她，带领邓超和林更新左突右闯，边吃边找，大有横扫八方的架势。甚至到后来两位猛男都已经完全塞不进食物了，她还在面不改色地疯狂大吃。只见平时笑不露齿的"女神"张开大口胡吃海嚼，一口还没吃完，另一口又紧跟着塞了进去，生猛的样子瞬间震惊了现场所有人。

Part 3

欧弟、林更新累成"睡梦终结者"
鼾声大作逼疯邓超

科学证明，人如果在非常疲劳的状态下入睡，是很容易打鼾的。在经历过一整天的"奔跑"节目录制后，即使是已经习惯了高强度工作的明星们，也有点承受不住这样的压力，纷纷打起呼噜。于是，观众们在郑恺、邓超等"男神"的帮助下，有幸欣赏到另两位"男神"欧弟和林更新的睡颜及鼾声。

节目中，被欧弟的鼾声吵得睡不着的一帮"男神"直接来到他的房间，毫无节操地围观起欧弟打呼噜。听到欧弟"突破天际"般的高亢呼噜声后，郑恺和李晨甚至直接拜倒在熟睡的欧弟面前，露出一副"给跪了"的表情。没过多久，刚刚才围观过欧弟的林更新，居然也因为打呼噜被围观了一次。当时已经是凌晨两点半，被两位"睡梦终结者"吵得睡不着的邓超，一脸无奈地表示要被"逼疯"了。

给跑了！
T T

突破天际般的高亢呼噜声

只让明星们吃美食，显然并不能满足充满奇思妙想的节目组。于是，在第二天清晨，刚刚睡醒的"奔跑团"还没等头脑清醒，就不得不面对"残酷"的现实——一边健身，一边演唱前一天晚上睡觉前听到的歌。此时，这些平时光鲜亮丽、处处闪光的明星们，甚至还没来得及擦去眼角的分泌物。在这种状态下，三组明星不但要做出举杠铃、引体向上、倒立等高难度动作，还要在维持动作的状态下完整地演绎一首歌曲。

人家累了
TT

　　刚刚睡醒、一脸迷茫的"奔跑团"一开始显然还没进入状态。在《中国好声音》总决赛上都能镇得住场的邓超，用尽浑身力气挂在单杠上，开口的一瞬间用鬼哭狼嚎来形容都毫不为过。一旁的林更新更是连杠铃都举不太稳，更别提开口唱歌了。而聚集了欧弟、李晨、王宝强三位猛男的红队，虽然在器械上表现得毫无压力，但一开口连词都忘光了，能武不能文，最后只好惨败收场，等着下一轮再继续挑战。

　　在这次"韩囧"之旅中，身处异国他乡的"奔跑团"感受到的是比平时更多的压力，完成任务也要付出比平时更多的努力。每个发现、每次探索都需要更多的奔跑，不过节目也因此碰撞出更多好玩有趣的火花。Angelababy毫无顾忌的吃相、欧弟因疲惫而发出的鼾声，都是他们平时不可能展现的一面。在《奔跑吧 兄弟》中，这些努力都将变成观众开心的笑容。

第四期
韩国

人/再/囧/途/之/韩/囧(中)

奔跑吧
兄弟 RUNNING MAN

"奔跑团"继续"韩囧"
囧态百出停不下来

玩得"HIGH"!

　　上期节目中一路高歌猛进的红队，这次终于还是用光了运气，在第一个游戏中便深陷"法国噩梦"不能自拔。不但将之前积累的优势消耗殆尽，还一下子落后别人一大截，瞬间成了节目中最囧的队伍。堪称"奔跑团"灵魂人物的邓超却是一期比一期玩得"high"，到哪儿都不忘苦中作乐。这次虽然"人在囧途"，但也不时玩性大发，一会儿与"女神"Angelababy"争宠"，一会儿又一起玩起走秀和即兴表演，跳跃性的思维加上无厘头的动作，活脱脱把自己和"女神"变成了两台"笑料制造机"。当好不容易到达济州岛后，众人却遭遇"最危险挑战"，他们必须用纸板造船，并且全队坐上船横渡一个海湾，真是惊险又刺激！

Part 1

李晨、王宝强、欧弟变身"囧人团"
接连遭遇"法国噩梦"

在电影《泰囧》中，徐峥扮演的主角徐朗在寻找关键人物"老周"的途中，因为王宝强扮演的葱油饼摊老板王宝宝的打扰而一路囧事不断。不堪其扰的他，无时无刻不想甩掉这个磨人的"倒霉精"。其实一个人要是囧起来还真怪不得别人，因为那个"磨人的小妖精"也只是你运气的一部分而已。要说现实中的王宝强，虽然也一脸纯真的开心样，但脑袋可不像电影里那么呆。他在第一期节目中认真严肃的推理，还被不少网友称赞了一番。

　　在本期的"韩囧之旅"中，"红队三剑客"李晨、王宝强、欧弟，虽然在感觉上与《泰囧》里的三位主角相差甚远，但运气却和电影里的三个人几乎一模一样——简直出奇地囧。在第一场"抽国旗踢毽子"的环节里，红队第一个抽到的便是难度颇高的法国。为了完成任务，他们必须在明洞找到一个法国人来帮忙。规则光是听起来就已经很绕了，实际操作起来更

是难上加难。最终实在找不到目标的三人，只得灰溜溜地求导演再给一次机会。不过，人要倒霉起来，喝凉水都能塞牙缝儿。在与命运抗争的几个小时里，红队的三名队员居然每个人都抽中了一次法国，令人不得不感叹他们与法国的"羁绊"之深。最后一次抽中法国时，三人的表情都已经变得麻木了，一脸认命的无奈与哀伤，完美地用表情和经历诠释了"韩囧"两个字。

Part 2

邓超玩心大起
与 Angelababy 争宠、走秀

"女神"居然还能
玩得这么"HIGH"？

　　尽管节目只播出了三期，但邓超和 Angelababy 已收获了很多人气。
对于普通观众来说，最爱看到的桥段莫过于"屌丝"逆袭上位或是"大神"
跌落神坛，其中的戏剧张力和刺激感最能引起大众的兴趣。

　　2014 年年初大热的韩剧《来自星星的你》之所以能如此火爆，"女神"
全智贤自毁形象的牺牲功不可没。在国内，原本身为"男神"的邓超自从
自导自演了一部《分手大师》之后，他爱玩的"本性"早就暴露在大众面
前。观众也对他偶尔"人来疯"的表现见怪不怪了。但一直被奉为"女神"
的 Angelababy 给人的印象向来是除了美还是美。哪怕在广告中展现活泼

完全颠覆了
心目中的"女神"
形象！

的一面，也只是少女般蹦跳一下。当看到那个身穿白裙、能让人联想到清澈白莲的"女神"，竟能笑得如此忘我，如同野孩子一般在地上与人厮打时，相信大部分观众在倒吸一口凉气的惊讶中，也带着一丝惊喜和兴奋——"女神"居然还能玩得这么"high"？这完全颠覆了心目中的"女神"形象！

在本期节目中，相继找到线索的"奔跑团"汇聚到SBS大楼里。他们将完成"寻找护照"和"争抢护照"的任务。不过，任务归任务，两个"大玩咖"依然保持他们"笑料制造机"的高水准玩法，走到哪儿都是一出戏。

　　好不容易完成"抽国旗踢毽子"任务后，邓超兴奋地想和帮助他们完成任务的 Angelababy 的摄影师来个热情互动，没想到对方竟然只顾着和"女神"庆祝，完全没有注意到他一直僵持在原地的尴尬姿势。不甘心的邓超立马以更热烈的动作发动攻势，却还是被无情地忽视了。不过，玩心大发的邓超显然对过去的事不会在意，很快就又与 Angelababy 组成"走秀双人组"，在 SBS 电视台的服装道具房里玩起了走秀。两人一会儿变身交警，一会儿变身消防员，生生把一个道具房变成了"大牌秀场"。

　　当然，邓超可并不只会玩。作为队长的他，在带队方面也称得上尽心尽力。在游戏中"奔跑团"都会与嘉宾一起分成好几组一起活动，在每次游戏前，邓超都会提醒所有队员注意安全。在游戏中，邓超做得更多的是尽力制造欢乐的气氛，反而对游戏的结果并不是十分在意。在第

二期节目中，邓超先是在田间搞怪地"调戏"大妈，后来又在泳池里整蛊王祖蓝，几乎变相地将胜利机会让给别人。这对万事都力求完美、争第一的他来说也不是件容易的事。

在本期节目的"争抢护照"环节里，邓超为了尽量减少与大家的摩擦，在与郑恺、李晨等人的混战中，也尽量依靠技巧而非力量来赢得胜利，为此还错失好几次打败对方的良机。

在游戏之外，邓超也名副其实地承担起队长的职责。在参加由《奔跑吧 兄弟》发起的"让爱益起跑"公益活动中，不论是带头并号召大家行动，还是最后做总结发言并喊口号激励大家，每个环节邓超都积极主动担当主导者的角色。他身体力行的做法，也得到大家的一致认可。

节目内外带队"领跑"
尽显队长风范

晨哥
！！！

Part 3

"奔跑团"囧境升级
遭遇"史上最困难挑战"

　　仅仅用纸板箱和透明胶带，自制一艘能够承载三个人的纸船，并且要求全组队员都乘上纸船，横渡距离几百米的海湾，这个看上去"不可能的任务"就在"奔跑团"顺利抵达济州岛后降临到他们头上。在"争抢护照"的任务中，陈赫可谓受尽了身强体壮的李晨"凌虐"，而一听说可以自由

船是有龙骨的

选人组队，立马跟橡皮糖一样粘到了李晨身上。他觉得李晨既强壮又是一个"技术控"，跟着李晨很有安全感。李晨虽然一开始略显无奈，可立马被陈赫的"贱萌"逗得开心起来，并表示自己虽然在上一环节中和陈赫"厮杀"得非常激烈，但这并不会影响他和陈赫的关系。在造纸船的这个任务中，两人一定会精诚合作、勇夺第一。

最不可思议的"作品"

　　分组开工后，王宝强和郑恺完成了一件最不可思议的"作品"。之所以称之为"作品"而非船只，是因为它的造型很酷，像极了宇宙战舰，但怎么看都不是一艘靠谱的能载人的船。另一边，在邓超的带领下，Angelababy、林更新默契配合，三人共同完成了一艘像坦克一样的船。这艘船看上去很重，不知道能不能成功载着三人渡过海湾。李晨在动手之前则充分发挥他"技术控"的特质，仔细回想船只构造——首先应该有龙骨然后再搭建其他结构。经过一番努力，李晨和陈赫也完成了一艘看上去最靠谱的船。不过，这三艘船在下水之前仍旧无法定论。哪一艘能够顺利完成任务？让我们共同期待吧！

第五期
韩国

人/再/囧/途/之/韩/囧(下)

林更新

奔跑吧兄弟 RUNNING MAN

"奔跑团" VS 韩国 "跑男团"
决胜济州岛

海女大作战!

　　第五期节目中，满载欢乐的"韩囧"之旅迎来最终章，《奔跑吧 兄弟》也迎来了节目开播以来的最高潮：一直彼此比拼竞争的"奔跑团"首度齐心合力在济州岛与韩国的"跑男团"展开"撕名牌大战"，而这一战正是众多粉丝日夜期盼的。

　　韩国《Running Man》在国内也有不少忠实粉丝。在《奔跑吧 兄弟》韩国之行刚开始时，不少粉丝就开始期待"奔跑团"与韩版"跑男团"之间的精彩碰撞。本期节目还未播出时，已经有不少粉丝表示周五要"果断搬起小板凳蹲守"，甚至直言"为这一刻已经等了三期"。节目组和"奔跑团"自然不会辜负观众们的热切期待。

Part 1

《奔跑吧 兄弟》
上演"韩囧"最终章

　　仅仅播出四期就已经引发巨大反响的《奔跑吧 兄弟》，如今已成为名副其实的"现象级"综艺。对于国内的不少观众来说，《奔跑吧 兄弟》是一档全新的户外综艺真人秀，新颖的剧情设计和爆笑内容在之前的节目中几乎难以看到。这次连续三期的韩国之行更是变成"韩囧"三部曲，由一份"油霸"连接起来的紧张剧情，让人看得根本停不下来。

　　第四期节目中，"奔跑团"为了得到"油霸"的线索，不得不亲手造纸船渡江。最后一幕中队员们坐着纸船下水的画面，吊足了观众的胃口。虽然大家都顺利安全下水，但真要在水中移动可没有那么简单。

"阵亡"号
思密达ＴＴ

在上期节目里，表现得十分霸气的"郑王号"，虽然外表"高大帅气"，但正因为它高度太高，坐在船中间的郑恺和王宝强拿着船桨连碰到水面都有些困难。最后，为了加快速度，二人不得不忍痛将辛辛苦苦造好

划船这种力气活儿绝对是李晨的强项

的船拆了半边。傍上"最强李晨"的陈赫这次可算是选对了队友。虽然两人造的船简陋得连浮在水面上都要被"女神"Angelababy感慨一番,但划船这种力气活儿绝对是李晨的强项。看起来最弱的"晨赫号"划起来可是毫不含糊,速度根本不弱于其他两队。最终,"晨赫号"在李晨和陈赫的共同努力下,率先抵达终点,并在规定时间内顺利拿到线索。邓超、Angelababy和林更新三人拼尽全力,奋勇向前,在李晨的帮助下完成冲刺,在最后关头打开宝箱。始终在原地打转的"郑王号"没能完成任务,在众兄弟齐心协力的营救下,拖着残破的船体,最终抵达终点。

众兄弟齐心协力
开展营救

陈赫下水
救助

Part 2

Angelababy 大展"女神"魅力
举手投足倾倒众生

　　说起"撕名牌",看过之前节目的观众大概都有所了解。游戏中每位选手的背后都有写着自己名字的名牌,必须将对方背后的名牌撕掉才算获胜。在此过程中,摩擦和碰撞自然是不可避免的,甚至激烈肉搏也是家常便饭。然而,第一次见面,两大"天团"还没来得及互相熟悉,就不得不在实战中切磋,可谓"不打不相识"。此次罕见的十四人大混战采用的是"无差别战斗"的方式。双方每个队员在游戏开始前都会被蒙着眼睛带到陌生的地方,之后会有怎样的遭遇,全凭运气。

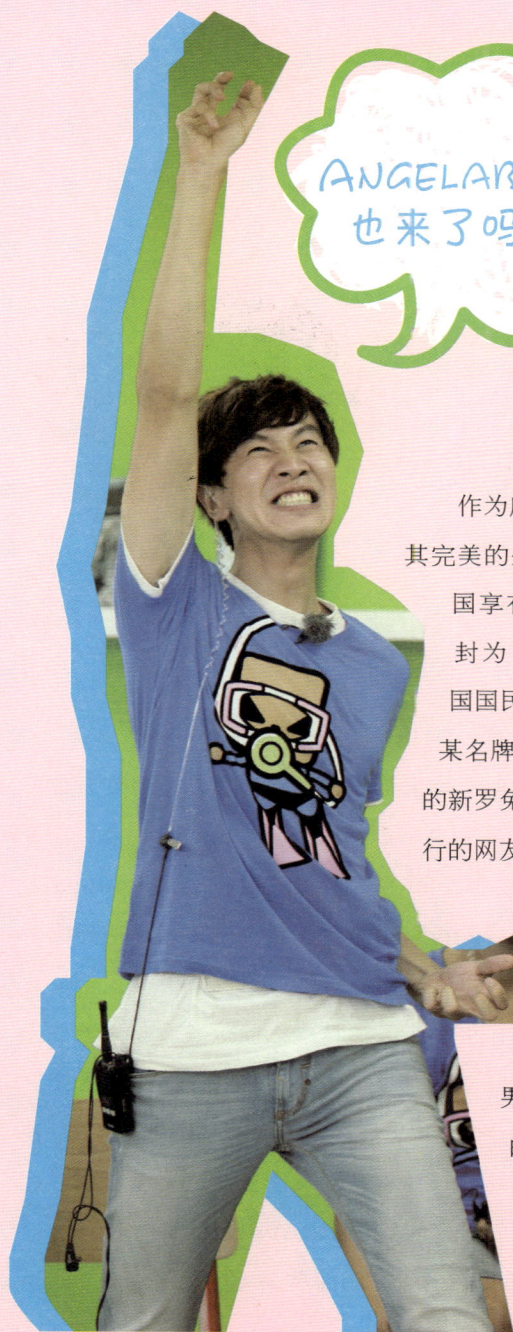

ANGELABABY 也来了吗？

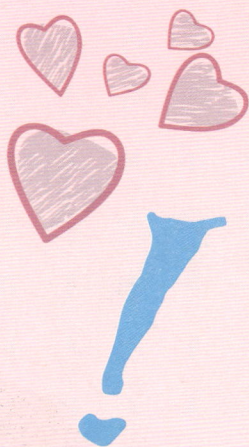

作为广告模特出道的 Angelababy，因其完美的外表和众多广告代言，一直在韩国享有超高的知名度，曾被韩国媒体封为"新亚洲女神"。之前就曾与韩国国民男神"都教授"金秀贤合作代言某名牌箱包，2014 年更是成为韩国著名的新罗免税店的代言人。甚至有赴韩国旅行的网友称，在韩国机场及街头，几乎抬眼就可以看到 Angelababy 的广告及海报。

于是，在节目中，"撕名牌"游戏一开始竟出现了韩国"跑男团"集体呼唤"女神"Angelababy 的壮观场面。当得知这次的任务是与来自中国的"奔跑团"撕名牌后，韩国"跑男团"中人气颇高的搞笑担当李光洙立马两

眼放光地脱口而出："Angelababy 也来了吗？"除他之外，另外五位韩国"跑男"也大都第一时间大声呼喊并寻找"女神"Angelababy。这令"跑男团"中唯一的"女神"宋智孝颇为不爽。不过，对 Angelababy 充满好奇的宋智孝最后也加入寻找的行列。一时间整个游戏场地四处回响着 Angelababy 的名字，场面好不热闹。

不过，"女神"的魅力还不止引发众人呼唤这么简单，看起来柔弱无力的 Angelababy 甚至只靠一个笑容就能引起对方"内讧"。"跑男团"中的李光洙和池石镇在找到 Angelababy 后，池石镇在握手打招呼时突然发力想要对"女神"出手，但这一行为竟被队友李光洙坚决制止了。在阻止队友后，李光洙还一边大叫"哥，你怎么能对 Angelababy 出手呢？"一边对着 Angelababy 露出讨好似的笑脸，场面爆笑无比。

哥，你怎么能对
ANGELABABY
出手呢？

PK

Part 3

邓超、刘在石上演"巅峰对决"
究竟鹿死谁手？

　　分别作为中国"奔跑团"和韩国"跑男团"的队长，邓超和刘在石都可谓是各自队伍的灵魂人物。虽然《奔跑吧 兄弟》到目前为止只播出四期，但邓超在其中的表现和发挥的作用可谓十分抢眼，时而在游戏中卖力展现搞笑天赋，平衡节目的娱乐性，时而严肃认真地提醒大家注意安全，亦庄亦谐深得人心。作为韩国"国民MC"的刘在石在"跑男团"中的地位同样无可替代。专业主持人出道的他有着常人难及的主持天赋和技巧，在韩国《Running Man》中从来都是掌控全局的那一位。不过，1972年出生的刘在石比1979年出生的邓超大了足足7岁，从经验和阅历等方面来看，邓超得称他"老大哥"。不过，抛开主持和游戏经验，正值壮年的邓超则在体力上力压"老大哥"一筹。

我的名牌
？？？

!!

　　在这场"无差别大混战"中，战况瞬息万变，两人仍特意安排了一场队长间的"巅峰对决"。在对决开始前，两人先互报年龄、论资排辈了一番，客客气气的样子好像即将开始的是一场品茶论道，而非火爆对决。不过哪怕是亲兄弟，上了战场也要动真格的。两位队长最终还是实打实地大战了一场。最终，邓超凭借自身实力和名牌小的优势，率先撕掉了刘在石队长的名牌。

第六期
秀山岛

逃 / 离 / 秀 / 山 / 岛

奔跑吧
兄弟 RUNNING
MAN

《奔跑吧 兄弟》变身 "灾难大片"
惊险、爆笑齐上演

全员到齐

　　本期"逃离秀山岛"节目中，"奔跑团"一行人被设定流落在海上孤岛，必须完成游戏、破解密码才能得到在台风来临前逃离的机会。紧张的剧情和刺激的游戏令节目如同电影大片一样精彩。令人惊奇的是，节目在录制过程中，竟然真的恰好赶上台风"凤凰"过境。低沉的乌云夹带着山雨欲来的压抑气氛充斥着整期节目，令观众看着都大呼紧张。不少网友表示："看他们挖泡沫墙挖得这么慢，我都替他们着急，最后通关那段简直比看电影大片还刺激。"

Part 1

《奔跑吧 兄弟》"逃离秀山岛"
上演逃生戏码惊险刺激

在结束历时三周的"韩囧"之旅后，《奔跑吧 兄弟》返回国内，在浙江舟山的秀山岛开始一场"逃离秀山岛"的惊险旅程。上期节目中，"奔跑团"与韩国"跑男团"的爆笑比拼还历历在目，济州岛的阳光为画面涂上一层暖暖的色调。但在本期节目中，"奔跑团"却要在海上小岛上演惊险的逃生戏码。碰巧赶上的台风天令气氛变得凝重，低沉的乌云和呼啸的海风让节目犹如《不惧风暴》这样的灾难大片一样紧张刺激。

据工作人员透露，这次秀山岛的录制可谓波折重重。录制还没开始，节目组就因为台风"凤凰"的影响而不能上岛。好不容易上岛之后，各种天气影响又让拍摄变得困难重重，甚至连拍摄场地都被海水淹没，必须等到潮水退去才能继续录制。节目组安排的一架协助录制的直升机预定在天黑前返航，为了赶上返航时间，"奔跑团"全程都在和时间赛跑，简直是一路狂奔，停不下来。

浑身是泥、抱着鸭子的
"女神"也萌萌哒！！

Part 2

"奔跑团"集体滚泥潭变泥人
演绎正宗"接地气"

为了完成任务，获得逃离秀山岛的线索和道具，"奔跑团"分成了由邓超、郑恺、陈赫、Angelababy组成的蓝队和由王宝强、王祖蓝、胡海泉、伊一组成的红队，在当地特有的滑泥公园上演了一场"泥潭大战"。两队人马不但要在及膝深的泥潭中奔跑，还得追捕和运送到处扑腾的鸭子。

妈呀，这么深啊！

　　刚来到泥潭中，没玩过这种新奇游戏的"奔跑团"还好奇地到处乱跑，开心的样子犹如玩泥巴的小朋友。队长邓超更是直呼"好爽啊"。不过，很快他们就爽不起来了。"女神"Angelababy刚踩进泥里就忍不住大叫："妈呀，这么深啊！"在黏腻的泥水中，行走时的阻力非常大，没走两步大家都累得筋疲力尽，连喊话的力气都没了，甚至因为脚底打滑直接扑倒在泥水中，场面爆笑至极。

牵一发而动全身

在游戏中，负责运送鸭子的男生都被有弹力的绳子绑在一起，要想拿到鸭子，还得先抵抗不够长的绳子产生的牵引力，随便动一动都是"牵一发而动全身"。第一次好不容易拿到鸭子后，一时松懈的陈赫就被绳子拉倒在泥水中，一旁的郑恺也被带着来了个大劈叉，邓超更是抱着鸭子直接倒地被糊了一脸泥。在这样艰苦的环境中，"奔跑团"几乎每走两步就要与泥水来次"亲密接触"，最后已经全身是泥的邓超等人，索性直接把黄泥当作"发胶"抹在头发上，令头发根根直立，来了个酷炫的"杀马特"造型。一瞬间，原本就已经全身泥黄色的他们，连最后一点亮色都被抹去，站在近处也只看见一个个泥人在挪动，根本分不清谁是邓超谁是郑恺。

丢下所有偶像包袱的"奔跑团"和嘉宾们，为了节省体力，直接在泥水中滑行、滚动。胡海泉甚至直接瘫倒在泥潭里，好像木头一样被王祖蓝拖着移动，场面既诡异又搞笑。"奔跑团"集体滚泥潭的场景，被不少网友大赞"接地气"。甚至有网友表示，"看完这期节目，我感觉我的综艺观都要被颠覆了"，大赞"可以载入综艺节目精彩瞬间前三位"。

陈赫，
我会报仇的

Part 3

"贱客陈赫" 小宇宙爆发
水枪战士双杀逆袭

　　特别值得一提的是，在经典的"喷水枪撕名牌"游戏环节中，陈赫轻松淘汰王宝强，又将伊一逼到死胡同，一举干掉对方两个人。从未取得如此战绩的陈赫，乐得得意忘形，拿着水枪一副孩子模样，仿佛回到了快乐的童年。

陈赫
淘汰王宝强
？？？

砸墙，
让我来

在"山洞逃生"的比赛中，陈赫仿佛找到了自已擅长的项目——凿墙。他拿着锄头奋力凿开泡沫障碍墙，还找到了开锁密码的提示线索，真是胆大心细！对此，观众们一致称赞，看来"贱客陈赫"的小宇宙终于在秀山岛爆发了。

"贱客陈赫"的小宇宙
终于在秀山岛爆发了

Part 4

剧情紧张堪比大片
新奇设定颠覆综艺观

在户外真人秀兴起前的那段时间里，国内最火热的综艺节目无非就是请明星嘉宾聊天、玩游戏，这样的风格在如今看来已经显得有些乏味了。而最近火热起来的户外真人秀节目，虽然在各方面都有了明显进步，从游戏设定到节目效果都越来越耐看，但无论是"爸爸"系列的亲情主题，还是"穷游"或者"体验农村生活"，每个节目都只是在大设定下推进节目的进程。横空出世的《奔跑吧 兄弟》则在"快乐奔跑"的主题下，从第一期的"白蛇传说"到"韩囧"再到"逃离秀山岛"，每期节目都有不同的精彩剧情设定。

　　这种前所未有的设定，让节目变得更加充满惊喜。看完这期节目后，不少网友表示："虽然都是做任务，但有了剧情设定后整个感觉都不一样了。看到他们被困在山洞里，感觉自己好像在看电影大片一样，一下子就紧张起来了。"

　　更令人拍手称赞的是，虽然有剧情设定，但明星嘉宾们往往只能在游戏开始前才会知道这一次要做什么。在"韩囧"特辑中，当"奔跑团"被告知要造纸船渡江时，一个个目瞪口呆、大呼"不可能"的场景令人忍俊不禁。在这期"逃离秀山岛"节目中，当看到即将要下去的泥潭时，明星们既无奈又无语的微妙表情，更是让观众大呼"好玩"。不少网友表示："每次看到明星们面对那些'不可能任务'时的表情，都忍不住想笑。加入剧情的设定简直代入感爆棚，比看电影大片还过瘾，感觉综艺观都被刷新了一遍。"

第七期
上海

穿/越/世/纪/的/爱/恋

奔跑吧
兄弟 RUNNING MAN

《奔跑吧 兄弟》悬疑"烧脑"
观众齐呼"脑洞太大"

第七期
上海
穿/越/世/纪/的/爱/恋

穿越世纪的爱恋

　　第七期"穿越世纪的爱恋"，一改之前"韩囧"喜剧片和"逃离秀山岛"灾难片的风格，再度推陈出新，摇身一变玩起了悬疑。节目中，"奔跑团"与嘉宾们化身旧上海不同身份的人物，因为一条传奇项链而"穿越"到现代上海，继续对项链展开争夺。而他们在旧上海时的身份则成了决定他们命运的重要线索，其中充满悬念的剧情和错综复杂的人物关系，令不少观众直呼"烧脑"。在最后的游戏中，"身高超过一米七就会被淘汰"、"遇水即被淘汰"……每一个淘汰判定线索出现时，观众一开始都有些摸不着头脑，但随着节目的深入，谜底渐渐揭开，在恍然大悟后疑惑都变成惊喜。有网友犀利地评论说："不做'爱情片'的'悬疑片'不是好综艺，这一期《奔跑吧 兄弟》的剧情简直逆天。"

111

Part 1

泳池合照众人成"心机鬼"
邓超变身"背叛者"

由于有身份设定，在"穿越"回现代上海后，"奔跑团"仍旧深陷角色之中，不能自拔。"霸道总裁"邓超原本是"洋行老板"，在"穿越"到现代后，面对成片的民居，问的第一个问题竟然是"我的银行呢？"身为"裁缝店老板"的王宝强则在换上游戏队服后，感叹"没见过这种料子"。设定成"斯文大少"的郑恺更是入戏过深，在听到"合照"任务后，露出好像第一次听到照相这件事的夸张表情。不过，这生动的表演却瞬间引来他的"阑尾CP"陈赫的精准吐槽："你是在民国又不是在古代。"

泳池合照众人成
"心机鬼"

不仅每个人的设定有独特的伏笔，整个节目的剧情更是堪称"烧脑"，每个任务都充满了各种搞笑元素。在观看这部"悬疑大片"的过程中，观众感受最多的依然还是无尽的欢笑。在第二个任务"泳池合照"中，"奔跑团"和嘉宾们必须按要求在露天泳池中的浮板上与东方明珠合影，只有获胜者才能得到下一关的线索。由于这一次不再是队伍和队伍的较量，而是个人与个人之间的比拼，各自为营的"奔跑团"为了得到线索，瞬间"抛

弃"了之前节目中的队友之情，变成了一个个"心机鬼"。在游戏还没开始时，队长邓超提出这样的体力比拼对唯一的女生伊一不公平。不过，在听到导演说"那你们让着她"时，大家却异口同声地大喊"那不可能"，场面搞笑至极。

在游戏过程中，各种充满心机的搞笑片段更是层出不穷。第一回合郑恺刚刚爬上浮板，就被身后的邓超一把抓住裤子给拉了下来；但当邓超自己想要爬上去时，却又被他身后的伊一给拉了下去。如此循环往复，场面好不热闹。第二回合先爬上浮板的邓超决定与好兄弟王宝强联合，齐心协

力把想要爬上来的人都推下去。但在计划即将成功之时，邓超却又变身"背叛者"，转身把王宝强给推了下去。此外，众人或是挡脸或是推挤，各种阻挠动作心机满满，令场面变得爆笑无比。最终，经过五个回合的你推我挡，王祖蓝意外获胜，拿到下一轮任务的关键线索。

Part 2

穿越时空的爱恋
"史上最复杂综艺剧情"全解读

穿越、时空交错、以爱为名，听起来是不是有点耳熟？没错，2014年大热电影《星际穿越》的剧情正是靠这三个元素支撑起来的。这部披着"科幻片"外衣的"亲情片"已经靠着其中的各种硬科幻理论，被评为年度最"烧脑"电影。而本期《奔跑吧 兄弟》则被网友评价为披着"悬疑片"外衣的"爱情片"，各种复杂的设定和充满"神转折"的剧情，被评为"史上最复杂综艺剧情"。

隆丰商行大少郑恺爱上
百乐门歌女伊一

　　一切都是从那条充满爱的神奇力量的"海洋之心"项链开始的。1933年的上海，隆丰商行大少郑恺爱上了百乐门歌女伊一，但受到家中阻挠。为爱不顾一切的郑恺将传家宝"海洋之心"项链私自送给伊一，却因此被逐出家门并遭遇车祸去世。失去恋人的伊一为了逃避百乐门老板、黑帮老大陈赫的压迫，不得不结交洋行老板邓超。为此，她经常去附近的裁缝铺找老板王宝强做新衣服，打扮自己。不过她不知道的是，每天载着自己的车夫海泉暗恋自己。表面上看起来和她是好朋友的百乐门小丑王祖蓝，实则是个内心阴暗的"心机男"。

百乐门老板、黑帮老大陈赫

洋行老板邓超

　　正因为有这些前提，在节目的最后一个环节，才会出现那些奇怪的淘汰判定。节目中，以唱歌为生的歌女伊一因为嗓子就如同生命，所以一大声说话就会被淘汰；不苟言笑的黑帮老大陈赫因为爱笑会镇不住手下，所以一笑就会被淘汰；内心阴暗的小丑王祖蓝最忌讳自己的身高，所以哪怕被抱着超过一米七也会被淘汰……虽然在节目开始就给出了这些线索提示，但如果没有强大的分析能力和逻辑思维能力，普通人根本不会注意这些淘汰判定和他们身份的关系。不少网友是在看到每个人被淘汰时的解说字幕后才恍然大悟，一边大呼"原来是这样"，一边赞叹编剧的厉害。

裁缝王宝强

百乐门小丑
王祖蓝

　　此外，还有一些搞笑却又符合逻辑的设定，令观众忍俊不禁。外表完美的"霸道总裁"邓超因为有不为人知的"香港脚"，所以一脱鞋就会被淘汰；车夫海泉因为爱回头偷听乘客秘密而经常被骂，所以一回头就会被淘汰；而热爱布料的裁缝王宝强则因为受不了布料被水溅湿，所以一遇水就会被淘汰……种种堪称神奇的设定，令观众不得不叹服："编剧，你的'脑洞'太大了，普通人完全跟不上啊。"

车夫海泉

　　不过，堪称最"烧脑"的其实还是大少郑恺的淘汰判定。在节目中途，郑恺发现道具报纸上的线索指出他已经"身亡"。于是，唤醒"少爷之魂"的他瞬间变得不受任何淘汰判定的影响，想回头就回头，想脱鞋就脱鞋。不过，与报纸放在一起的还有一台照相机，而报纸中的内容还指出郑恺"素不爱拍照"。于是，经过层层推理后，大家才知道貌似不受淘汰判定影响的郑恺，被拍照后才会被淘汰。环环相扣的线索和节目过程，令观众大呼过瘾。不少网友表示："这期节目简直比一般的悬疑片还悬疑，各种设定完全符合逻辑，实在太强了。"

Part 3

"你不知道的事"
那些可能被忽略的惊人细节

　　如果你以为看懂了上面的剧情就看懂了全部，那么你就"图样图森破"了。一些似乎与剧情无关的巧合细节，才是观众对"烧脑"电影最爱解读的部分。看出了这些细节，你才能在"电影"结束后露出"编剧我懂你"的会心一笑。

　　在节目中，陈赫曾被一只狼狗模型吓一大跳。当时他对这个有"跑男"标志的道具并没有在意，只是嫌弃地把它放倒了。这其实是淘汰伊一的重要道具。在后期，胡海泉和王宝强领会到它的用途，想要用它来吓得伊一

用来吓伊一！！！！

大叫，然后将她淘汰。这原本是正确的做法，他们也差点成功了。但当时伊一也刚好得到线索，发现到处都能看到的水是淘汰王宝强的重要道具。被吓到的她因为正含着一口水叫不出声而幸免于难，反而顺利将王宝强淘汰。不少网友看到这段后表示："没想到这些不起眼的道具其实都有作用啊！伊一如果没得到线索、没含着水，那一下就被淘汰了。环环相扣，简直太神了。"

谁知道我们
没有一米七

　　王祖蓝之所以会因为"身高超过一米七"而被淘汰，除了因为他的角色设定是一个内心脆弱、阴暗的小丑之外，他本人也曾因为模仿邓紫棋翻唱《存在》时的一句"谁知道我们没有一米七"而大火，"一米七"的"梗"正是由此而来。

　　《奔跑吧 兄弟》无论是节目热度还是口碑，都已经是一个"现象级"的存在。而这一期节目的播出，宣告综艺节目的玩法被完全颠覆。巧妙的构思、突转的剧情、错综复杂的人物关系，却又能时刻触发观众的快乐神经，让人从头笑到尾。有网友评论说："这完全是用电影级的编剧构思在打造的一档全民欢乐的节目。"

第八期
敦煌

敦/煌/大/劫/案

"奔跑吧兄弟 RUNNING MAN"

"奔跑团"变身商旅走西域
硬汉于震成"江洋大盗"

古装谍战片

　　爱情片、喜剧片、悬疑片……每次都能带给观众不一样感觉的《奔跑吧 兄弟》，此次又以全新的姿态与观众见面。跑过"韩国囧途"，经历"上海绝恋"，不甘寂寞、就爱到处奔跑的"奔跑团"，这次又来到了充满异域风情的敦煌，变身古代商队，经历了一次通关之旅。充满奇思妙想的节目组自然不会让"奔跑团"的通关之旅轻松自如，想要得到通关线索，少不了游戏挑战加撒腿奔跑。好在经历了七期节目考验的"奔跑团"，对于这些设定早已有了心理准备。不过，即便有了准备，面对防不胜防的难题，"奔跑团"依然没能淡定"hold 住"全场，各种爆笑场面接踵而至，令人捧腹。

Part 1

"奔跑团"变身商旅补历史
于震首演反派玩谍战

"劝君更尽一杯酒，西出阳关无故人"。阳关作为古代丝绸之路南路的要塞，曾是无数商贾游客进出中国的必经之地。此次"奔跑团"扮演商旅重走丝绸之路，借由敦煌，取道阳关，出走西域。节目中，在有匪盗出没的敦煌城，"奔跑团"要先得到通行证才能出城，然后要在阳关找到签证官，取得通关文牒才能顺利出关，而这些都是古时通关必经的程序。再加上游戏中出现的各种历史知识，这次的"西域通商记"简直成了一部爆

笑又科普的"历史纪录片"。邓超因为算不清半个时辰等于多少秒无奈放弃线索，郑恺也因为找不到张骞出使西域的时间四处奔走，而最后恍然大悟的他们和电视机前的观众想必都会对答案印象深刻。

¡WE ARE
伐木累

不过，节目组显然不会轻易让"奔跑团"只跳跳指压板、玩玩历史小游戏就顺利过关。由于震、关喆、郭彦均、郭彦甫组成的"大盗团"，便成了"奔跑团"通关路上的最大阻碍。他们不但能够策反"奔跑团"中的成员里应外合，还能化身令人闻风丧胆的"铃铛人"淘汰"奔跑团"。"奔跑团"对此却毫不知情。于是，一场搞笑的通关之旅，变成了时刻充满反转惊喜的"谍战大戏"。在荧幕上以"硬汉英雄"形象出名的于震，这次演起"反派大哥"来竟非常"和谐"，有事小弟先上，自己掌控全局，策划起"阴谋"来也是得心应手，大有"一代枭雄"的感觉。

"晨妈妈" 与 "赫宝宝"

看我真功夫
！！！

指压板噩梦

"大盗团"成员

Part 2

满足观众要求
首现"背叛者联盟"

　　接受并践行观众的合理建议，一直是不少优秀节目默默遵循的准则。毕竟，收视率和观众的口碑才是检验一档节目是否优秀的重要标准。不过，达到这个目标对节目组来说绝对是一大考验。因为要满足观众的要求，并不是那么容易。但对于《奔跑吧 兄弟》节目组来说，克服困难满足观众诉求，是他们一直努力的目标。观众说要有情侣，于是有了乌镇那一期的"最强情侣大战"；观众说要有兄弟联盟，于是有了任何时候都默契联盟的"宝蓝兄弟"；而这一期出现的神秘"细作"，则是响应了观众想看"背叛"的强烈要求。

　　因为节目是边录边播，节目组经常会在网上仔细留意网友的各种中肯意见，并在拍摄中调整，以满足观众的愿望。这种根据网友意见对节目做出实时修改的操作方法，在国内并不多见，也难怪《奔跑吧 兄弟》能得到如此多观众的支持。

我们是朋友

　　当然，对于这些要求，《奔跑吧 兄弟》可不是随便加入相应元素，草草应付。既然听取了建议，必然要让其在节目中发光发热，为节目增光添彩。在本期节目中出现的"背叛者联盟"可以说完美地完成了自己的任务。其中一位是"奔跑团"中最容易听信别人的王宝强，"狡诈"的于震把他作为第一个"策反"对象。被成功策反后，王宝强听话地担当起"细作"的角色，在许多关键时刻帮助"大盗团"反转局势。另一位"背叛者"陈赫简直把"细作"两个字发挥到极致，甚至有种"细作"在把控全局的味道。虽然"背叛者"王宝强、陈赫尽心尽力为"大盗团"卖命，但最终难逃"被消灭"的下场，同时还遭到"奔跑团"兄弟嫌弃，简直欲哭无泪。

奔跑吧兄弟 RUNNING MAN

背叛者联盟

第九期
敦煌

大/漠/公/主/争/夺/战

《奔跑吧 兄弟》
上演"大漠公主争夺战"

大漠版"宫斗戏"

　　第九期节目"大漠公主争夺战",虽然名字听起来像冒险动作片,不过节目内容可不是"奔跑团"一起争夺哪位"大漠公主",而是由"女神"Angelababy和嘉宾熊黛林、谢依霖各自组队,一起争夺"大漠公主"这个名号。如果要分类的话,这大概算得上大漠版"宫斗片",但在节目中,三位公主斗的可不是心机手段,而是实打实地拼体力、比勇气。Angelababy稳如泰山的"女神"地位遭遇史上最强劲敌——熊黛林的挑战。以往在游戏中同心协力的"最佳拍档"——Angelababy和郑恺也迎来了第一次"情感危机"。而在"最佳拍档"陷入"情感危机"时,另一组"情侣"却大放异彩,在第二期节目中曾做过"前世情侣"的李晨和谢依霖再度联手,配合默契。

打打打
！！！

Part 1

Angelababy 玩"打地鼠"被重锤打脸
"撕名牌"展现惊人腰力

　　之前一直保持"女神"形象的 Angelababy，自从加入"奔跑团"后就在"女汉子"的路上一路向前，甚至还曾和韩国《Running Man》"能力者"金钟国正面对决过，玩游戏时比男生还敢拼敢做的气势，令不少观众大跌眼镜。此次，Angelababy 在游戏中再度展现出强悍率真的"女汉子"气质。

在全新的"打地鼠"游戏环节中，三位公主既要抡起大锤狂打"地鼠"，守护自己的玉米，又要变身"地鼠"，一边躲避随时会砸在自己头上的大锤，一边趁机偷玉米，可谓是体力与勇气的双重考验。不过，这些对"女汉子"Angelababy来说显然都不算什么。在守护玉米时，Angelababy一边尖叫，一边疯狂挥舞大锤狂打"地鼠"，整整两分钟的时间"打打打"的尖叫声竟然没有停过。连邓超都忍不住大喊："Baby，你疯啦？！"

秋风扫落叶般
的大锤

而当变身"地鼠"偷玉米时，Angelababy 面对谢依霖如秋风扫落叶般的
大锤攻击时，仍然不惧艰险主动出击，结果有一次刚冒出头来便被重锤
直击脸部，整个人瞬间就懵了，而一旁的李晨和谢依霖则被她悲惨的遭
遇和又想哭又想笑的表情逗得大笑不止。

BABY
腰力好厉害
！！！

除了"打地鼠"，在全新改版的"骑士撕名牌"游戏中，Angelababy也表现神勇。游戏中，"骑士"们都被蒙住眼睛，而"公主"们必须骑在他们身上，一边指挥他们行动，一边撕名牌。由于是三方对战，其中一方经常会遭受另外两方的同时攻击。Angelababy遭到联合攻击时，连续几次依靠灵巧的闪转腾挪化解攻势，令场外的"奔跑团"惊叹不已。在最后的决战中，面对有修长手臂的熊黛林的攻击，Angelababy不断后仰身体，防止名牌被撕，最后几乎将身体与地面保持平行。神一般的腰力，看得大家目瞪口呆。

Part 2

"最佳拍档"陷"情感危机"
李晨、谢依霖"前世情侣"抢风头

在第二期"前世情侣"特辑中，Angelababy和郑恺才子佳人的绝妙搭配受到广大网友的支持和称赞。两人也因为在之后的节目中多次组队，表现默契，被网友们封为"最佳拍档"。不过，在这期节目中，"最佳拍档"迎来了首次"情感危机"。因为"新女神"熊黛林的出现，郑恺在站队时没有选择Angelababy，而是奔向了"新女神"，"见色忘义"的表现令Angelababy大感失望。之后，当郑恺被在游戏中获胜的谢依霖换到Angelababy队时，面对郑恺"I'm back"的归队宣言，Angelababy则表现出一脸嫌弃，直接拉着"少林宝强"走开，留下郑恺在风中凌乱。

　　不过，在"最佳拍档"陷入危机时，同样是"前世情侣"的李晨、谢依霖却表现抢眼。在第二期节目中，两人的组队已经堪称默契无敌，李晨自然不必说，"女汉子"谢依霖也是战斗力爆表，其他队伍甚至必须联合起来才能压制他们。本期节目中，李晨和谢依霖这对"前世情侣"再度携手。在一开始的站队环节，谢依霖看到李晨选择自己后，激动得大呼"感

动"。在之后的环节中，每当获得胜利，两人都会拥抱庆祝。第一次获胜时，李晨还深情"表白"："在上次游戏中我们俩一分开她的名牌就被撕了，所以这次我要牢牢地抱住她。"真是让人好感动啊！

第十期
武汉
楚/汉/之/争

奔跑吧 兄弟
RUNNING MAN

《奔跑吧 兄弟》上演"楚汉之争"
撕名牌又有"神玩法"

对战双方闪亮登场

　　因为节目之前积攒的超高人气，武汉特辑"楚汉之争"在录制时，无论走到哪儿，都会被热情的粉丝里三层外三层地包围，场面十分火爆。为了衬托"楚汉之争"的主题，"奔跑团"和嘉宾袁弘、郭京飞、张歆艺第一站就来到武汉的著名地标"楚河汉街"，分成由邓超、Angelababy、郑恺、陈赫、李晨组成的楚队和由"宝蓝兄弟"王宝强、王祖蓝及三位嘉宾组成的汉队，进行比拼。

　　在人员安排上，由邓超带领的楚队明显更具优势，不过汉队拥有袁弘和郭京飞两大帅气猛男，实力也不容小觑，而且袁弘还是土生土长的"武汉伢子"。在第二轮游戏"蹦床比划猜"中，袁弘正是靠主场优势大放异彩。

PK

我要和你绝交！！！

　　本期节目的保留项目"撕名牌大战"，因为"楚汉之争"的主题又现"神玩法"。"奔跑团"和嘉宾们纷纷化身象棋棋子，并根据象棋规则来进行比拼。游戏中，汉队因为只有王祖蓝和王宝强这两个并不太强的"前辈"，而陷入苦战。"二姐"张歆艺甚至被经验老到的"阑尾CP"陈赫和郑恺直接逼哭了。大受委屈的张歆艺在被"KO"后，扬言要和陈赫"绝交"。

Part 1

"武汉伢子"袁弘变身"答题机器" 被封"袁武汉"

在《奔跑吧 兄弟》中，各种新奇又好玩的游戏一直是颇受观众欢迎的一大亮点。上期节目里，极具突破性的"真人打地鼠"让不少观众眼前一亮，惊呼"打地鼠还能这么玩？"在本期节目中，节目组再次发挥想象力，创造出"比划猜"游戏的终极进阶版——"蹦床比划猜"。游戏中，明星嘉宾们必须一边玩蹦床，一边向在二楼的小伙伴比划，可谓是体力和脑力的双重考验。为了能在蹦起来的那一两秒中准确地传达出想要表达的

意思，"奔跑团"和嘉宾们可是将脸部表情和肢体动作运用到极致。队长
邓超在表现《对你爱不完》这个歌名时，在仅有的两秒腾空时间内，摆出
了歌曲中的招牌甩头挥手动作，为此已经顾不上脸部的表情，结果，扭曲
的表情加上挥手动作，竟被郑恺误解为"嫌弃走开"。郑恺为了表现"舞
娘"这个词，一边跳跃一边妩媚地扭动身体，表情更是因为滞空变得搞怪
无比。一向美艳的 Angelababy 为了表现"机器人"的呆板，瞪大双眼、
张大嘴巴的样子，甚至把陈赫吓了一跳。各种精彩表情真是令人拍案叫绝。

累死了
！！！

看到我了吗
？？？

除了展现"颜艺"，"奔跑团"和嘉宾们表现出的团队默契，更是令人叹为观止。汉队在第一轮游戏中抽中了以"武汉"为主题的问题。"武汉伢子"袁弘瞬间变身"答题机器"，连答四道题目。其中，张歆艺在表现"热干面"这个词时，只是伸出双臂扭动了几下，就被袁弘瞬间猜出。难度之高、速度之快，令楚队队员纷纷表示难以置信，大呼"这都能猜出来？"被封为"袁武汉"的袁弘则摆动着身体，得意地表示"我就是知道"。但是等到袁弘自己比划时，失去主力的汉队瞬间成了"睁眼瞎"，对着拼命比划的袁弘一脸茫然，怎么也猜不出来，令焦急的袁弘颇为无语。

Part 2

"撕名牌大战"又现"神玩法"
楚汉双方斗智斗勇

　　在《奔跑吧 兄弟》中，"撕名牌大战"向来是最重要也最精彩的保留项目。根据每期节目的不同主题，作为压轴大戏的撕名牌也有不同规则。这也是游戏能保持新鲜、有趣的重要因素。在本期"楚汉之争"特辑中，分成楚汉两队的"奔跑团"和嘉宾们都变身象棋棋子，被安上了将、相、车、炮、卒等身份。游戏中，只有高级别的棋子能撕低级别棋子的名牌，而低级别对高级别的攻击无效，同级之间没有限制。于是，怎样利用身份来进攻和防守，以及制定策略，成了这场大战的关键。

对于已经熟悉"撕名牌"游戏的楚队来说，在了解对方队员的身份后，利用经验来以力破巧，成了主要的攻击方式。节目中，当陈赫、李晨与王宝强、张歆艺面对面对峙时，"阑尾CP"中的另一位小伙伴郑恺也悄悄来到了王宝强和张歆艺的身后。看到小伙伴埋伏在侧，陈赫立刻心有灵犀地假意支开李晨，表示要以一敌二。但当王宝强和张歆艺围攻陈赫时，"猎豹"郑恺却突然发动攻势，瞬间"秒杀"张歆艺，天衣无缝的配合堪称完美。对于已经习惯"撕名牌"游戏中尔虞我诈的"奔跑团"来说，这样的

别怕，
我来保护你
！！！

合作早已司空见惯。不过，第一次玩撕名牌就被"耍诈 KO"，直性子的"二姐"张歆艺显然有点不能接受。在反应过来后颇感委屈的"二姐"甚至急哭了，大呼："不带这么欺负人的，我恨你们。"面对笑得贼兮兮的陈赫，张歆艺在被黑衣人带走时，还略带赌气地吼了句："不做朋友了。"不过急过之后，张歆艺自己也忍不住笑了起来，面带泪痕、又好气又好笑的表情令人忍俊不禁。

汉队主力干将OUT！！！

　　虽然在游戏中被骗又急又气，但心直口快的"二姐"张歆艺显然并没有真的要因此和好友绝交。在休息室中，郑恺看到张歆艺把脸埋在手臂中，以为对方还在生他的气，立马上前诚恳地表示"歆姐，我错了"。谁知这只是张歆艺的"苦肉计"。听到郑恺认真的道歉后，张歆艺立马抬头大笑："你也上当了。"搞怪的表现令郑恺如释重负。

第十一期
武汉

三/校/争/霸/赛

奔跑吧
兄弟 RUNNING MAN

"奔跑团"重回校园
再现"匆匆那年"集体变学霸

第十一期
武汉
三/校/争/霸/赛

颁奖仪式

　　相信看过《哈利波特与火焰杯》的人都会记得书中那场经典的"三强争霸赛"，其中不少场景至今仍被粉丝们津津乐道，三校对抗的设定更是让人记忆犹新。在本期节目中，"奔跑团"和嘉宾林俊杰、"鬼鬼"吴映洁也将化身三所学校的学生代表，进行一场紧张刺激的"三校争霸赛"。

　　在小说中，代表学校参加"三强争霸赛"的学生都是"火焰杯"选出来的终极"学霸"。而在节目中，回到校园的"奔跑团"和嘉宾们也过了一把当"学霸"的瘾："D大学"的邓超、王宝强和王祖蓝成了科研界的

鲜肉，鲜肉，永远不皱！

"D大学"的邓超、王宝强和王祖蓝

"小鲜肉"，年纪轻轻拿奖无数；"A大学"的Angelababy、郑恺和陈赫则是雄辩滔滔的超级辩手；"L大学"的李晨、林俊杰和吴映洁在运动场上所向披靡。回到"匆匆那年"的三组"学霸"不仅在能力上各有所长，而且同样的青春无敌，在游戏中玩得一个比一个"high"。"周五情侣"郑恺和Angelababy因为新的游戏规则被充满"恶趣味"的队长邓超罚站唱儿歌，场面搞笑至极；而一向不太正经的陈赫反倒突然严肃起来，瞬间逆转的形象令人惊叹。

"A大学"的超级辩手
ANGELABABY、郑恺和陈赫

"L大学"的李晨、
林俊杰和吴映洁

　　第一次参加户外综艺的林俊杰，玩起游戏来就好像发现新玩具的小孩子一样，全程激动得不行，在和学生们共同完成的游戏中更是大展"暖男"风范。以搞怪、爱玩出名的"鬼鬼"吴映洁更是玩得投入。在最后的"撕名牌"游戏中甚至用"强吻"攻势让武艺高强的"少林宝强"倒地求饶。

Part 1

王祖蓝"诡异"笑声震撼全场
郑恺、Angelababy 罚站唱儿歌

　　本期节目的重头戏"撕名牌大战",因为"三校争霸赛"的新主题又有了新的玩法。节目中,三所大学代表队将分成攻防两方,进攻方会变身"铃铛人",而防守方面对"铃铛人"时只能逃跑或者防御,不能反击。攻击权按固定顺序轮换,每所学校都有固定的攻击时间,攻击时间一结束,进攻权将交给下一所学校,直到产生最后的胜利者。由于在进攻时防守方不能反击,每个变身"铃铛人"的"奔跑团"成员和嘉宾都好像开了"外挂"一样无所顾忌。

只要让我开心，我就放你走 **!!**

在"撕名牌游戏"中总是被欺负的王祖蓝，这次终于扬眉吐气了一会儿。每当他变身"铃铛人"时，放肆又诡异的笑声总会充满整栋大楼。爱搞怪的邓超则把抓住的"俘虏"都"调戏"了一遍。在把郑恺逼到角落后，邓超并没有立刻开撕，而是提出"表演节目"的要求，并表示"只要让我开心，我就放你走"。于是，郑恺纠结了一会儿之后，果断站得笔直地唱了一首《上学歌》。"周五情侣"中的另一位 Angelababy 则更加干脆，一听到"表演节目"，立马手舞足蹈地唱起了《两只老虎》，被吓得带点哭

腔的声调，配上呆萌的动作，令整个画面爆笑无比。

就在几乎所有人都全程"high"玩的时候，在之前节目中总是卖萌耍贱的陈赫，却在第二轮的"百人赛跑"游戏中罕见地认真了一回，逆转形象的举动令人大为惊叹。在奔跑开始前，陈赫认真地制定策略，并简单地演讲一番，鼓舞士气。开跑后，他更是跑在最前面，控制节奏和速度，令整个百人奔跑团都保持相对稳定的速度，这些举动也得到了其他队伍的肯定。连"奔跑团"队长邓超都忍不住惊叹："哇，他们这样很像马拉松啊！"

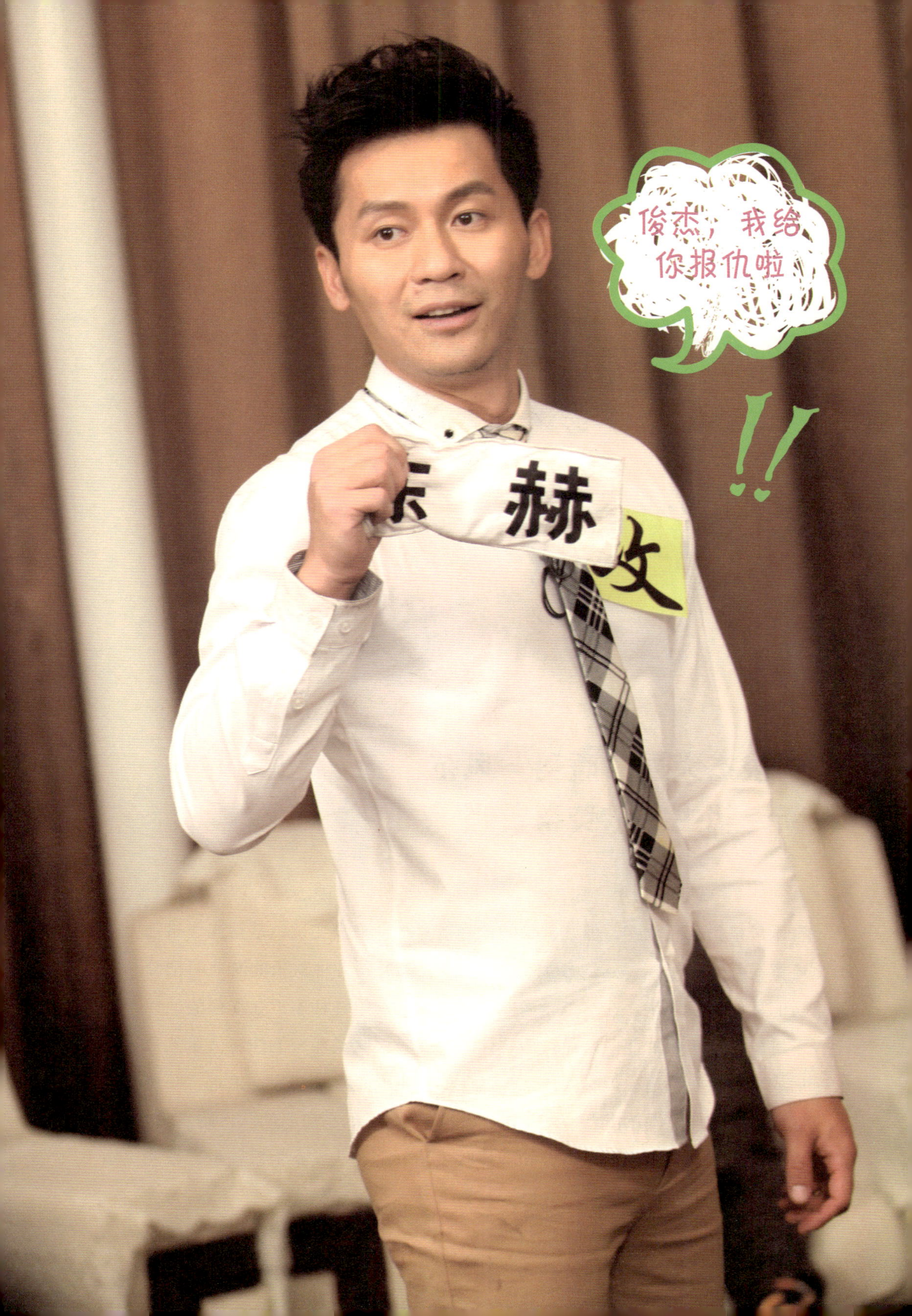
俊杰，我给你报仇啦
!!
赫

Part 2

林俊杰大展"暖男"风范
新专辑主打歌荧幕首唱

从 2003 年发行第一张专辑《乐行者》开始，林俊杰从青涩到成熟，音乐风格也几经改变，但娃娃脸的青春模样却从来没变过，甚至连性格都还留有几分孩子气。这次参加《奔跑吧 兄弟》，各种欢乐的游戏可把爱玩的林俊杰乐坏了。在第二轮游戏"百人赛跑"中，林俊杰在李晨的怂恿下扮成邓超带领的蓝队队员，假装体力不支吸引队长邓超的注意。虽然最后成功拖住了邓超，但林俊杰也被蓝队的学生们直接扛在肩上抬走，吓得他忍不住大叫"慢点慢点，我有心脏病的"。之后，在自己的队伍跑步时，林俊杰还大展"暖男"风范，和李晨联手为一个红头发女生系鞋带。被偶

像鼓舞的女生跑起步来仿佛有如神助，速度快得连 Angelababy 都忍不住大呼：“那个红头发的肯定是个男的。”在最后“撕名牌”环节，林俊杰和吴映洁联手对付王宝强时，更是开心得笑个不停。玩心大起的 JJ 还考起了宝强唱《一千年以后》，说“你唱出来就放你走”。不怎么唱歌的宝强面对如此搞怪的林俊杰，被逼得大呼“你杀了我吧”。

林俊杰 2014 年 6 月夺得“金曲奖最佳男歌手”，他的新专辑在 12 月 27 日正式发行，在本期《奔跑吧 兄弟》中，观众也听到了新专辑中的几首主打歌。节目中，除了已经曝光的主打歌《新地球》，林俊杰还为在游戏中淘汰的“奔跑团”演唱了一首苦情歌《可惜没有如果》。动人的旋律配上直击人心的歌词，直接把还沉浸在淘汰悲伤中的“奔跑团”唱哭了。

林俊杰玩"HIGH"

大展"暖男"风范

Part 3

"鬼鬼"吴映洁搞怪无敌
"狮吼功"惊呆李晨

向来以活泼、搞怪出名的"鬼鬼"吴映洁，之前曾凭借热门综艺《我们结婚了》世界版中的"鬼泽夫妇"收获超高人气。她在节目中的各种搞怪表现，令大家印象深刻。在以欢乐闻名的《奔跑吧 兄弟》中，吴映洁搞起怪来更是毫不含糊。在第一轮游戏中，"L大学"必须找齐20个能在规定时间里完成"挤眉弄眼吃饼干"任务的学生。在接连挑战失败后，终于有人成功吃下饼干，却超时一秒。不甘心的"鬼鬼"见状，立马使用"撒娇神功"苦求导演网开一面。在她强大的攻势下，连一向狠心的导演都忍不住心软了一回，站在一旁见证"奇迹"的李晨和林俊杰忍不住为她的精彩表现叫好。在之后的"撕名牌"环节中，面对迎面而来的"少林宝强"，吴映洁更是直接用超高分贝的尖叫"狮吼功"把王宝强"喝退"。不过，这一招也误伤了守护在她旁边的"奶妈"李晨。在听到吴映洁的尖叫后，李晨瞬间露出既惊讶又痛苦的表情，显然"伤"得不轻。

　　在和另一个"大玩咖"林俊杰联手进攻王宝强时，吴映洁的搞怪指数更是达到顶峰。虽然王宝强一直遵循"小鲜肉"的设定，不断卖萌向吴映洁求饶，大喊"姐姐不要撕我"，但常年卖萌的"鬼鬼"对此完全不为所动，动起手来各种搞怪手段尽出，就连"能力者"李晨都没法插手，只能在一边干看着。不过，"少林宝强"好歹也是个"功夫派"，就算林俊杰和吴映洁联手也很难将他压制。面对不断挣扎的王宝强，吴映洁直接使出"强吻"攻势，一边大喊"我要亲你咯"，一边趁着王宝强惊慌失措去撕名牌，强大的攻势令"少林宝强"忍不住倒地投降，苦苦求饶。

第十二期
杭州

新/年/运/动/会

"奔跑吧 兄弟" 新年运动

奔跑吧
兄弟 RUNNING MAN

《奔跑吧 兄弟》上演 "新年运动会"
陈建州、孙杨两大健将加盟

第十二期
杭州
新/年/运/动/会

"金鹰女神" 赵丽颖

　　浙江卫视《奔跑吧 兄弟》自播出以来就好评不断，收视也屡创新高，上一期"校园争霸赛"更是以2.993的收视率，再度向大家证明了"奔跑"的超高人气。收获如此高的人气，《奔跑吧 兄弟》自然也不敢有丝毫松懈，节目组可以说是时刻用生命在"奔跑"，力求创造更好的节目内容来回报观众。

　　因为当时临近新年，《奔跑吧 兄弟》特意为充满活力的"奔跑团"组织了一场别开生面的"新年运动会"。曾是职业篮球运动员的"黑人"陈建州、奥运冠军孙杨和"金鹰女神"赵丽颖成为本场"运动会"的特邀运动员，与"奔跑团"一起来比拼脑力与体力。

Part 1

"压轴大戏"变"开胃大餐"
李晨遭遇"史上最大危机"

本期《奔跑吧 兄弟》再度回到杭州这个奔跑开始的地方。为了让大家更快进入"运动会"的状态，本期节目史无前例地从一开始就展开最为紧张刺激的"撕名牌大战"，而且还是全员单独行动的终极混战。压轴大戏"撕名牌大战"成了开胃大餐，让节目从一开始就直接进入高潮，紧张刺激的节奏完全停不下来。

陈建州在《奔跑吧 兄弟》开播前就一直是坊间盛传的"奔跑团"成员之一，虽然最后遗憾未能加入"奔跑团"，但也有不少"奔丝儿"一直期待他能来"奔跑"一下。不少粉丝在看到节目预告后，就开始幻想他和李晨强强对决的样子。这次除了职业篮球运动员出身的陈建州之外，游泳奥运冠军孙杨也强势加盟。比起一米九的陈建州，一米九八的孙杨从体型上来看更具压迫性。原本在"奔跑团"中具有绝对优势的"大黑牛"李晨可以说是遭遇"史上最大危机"，三人的巅峰对决足以让人屏住呼吸。除了猛男们的对决，Angelababy（杨颖）、赵丽颖组成的"双赢（颖）女神"组合与"宝蓝兄弟"的碰撞也是爆笑与"颜值"并存，相当精彩。

不要欺负人家
没有一米七！！！

孙杨独自一人
PK "宝蓝兄弟"

　　游戏开始后，"奔跑团"和嘉宾们只能凭各自的人格魅力寻找盟友。孙杨独自一人PK"宝蓝兄弟"，显得轻松惬意。在把王祖蓝拖倒之后，一旁的王宝强也自觉地乖乖躺下，搞笑的场景让与孙杨结盟的郑恺和"双赢（颖）女神"在一旁乐不可支。孙杨也因此被王祖蓝吐槽成"外星人"。而另一大健将陈建州挑战实力不俗的"晨赫组合"就没那么轻松了。面对实力强劲的"晨妈"和不时在一边骚扰的"赫宝宝"，陈建州也只好玩起了小动作——喷水攻击，转移陈赫的注意力，再单挑李晨。

"火星撞地球" 般的
终极对决

最终，实力最强的三人还是展开了一场"火星撞地球"般的终极对决。其中孙杨的身体素质无疑是最强的，而陈建州的反应速度和灵活性则无人可比，原本最强的"大黑牛"李晨虽然现在变成最弱，但长期的游戏经验却是他的制胜法宝。面对三人如此火爆的对决，连队长邓超也只能远远地站在一旁观望。

Part 2

爆笑游戏环节精彩连连
邓超挑战跳高变"青蛙"

在《奔跑吧 兄弟》中，除了固定的"撕名牌大战"，各种前所未见的创意游戏一直是令节目备受观众喜爱的人气保障。本期主题既然是"新年运动会"，各种运动自然成了游戏的不二之选。在史无前例的"撕名牌"混战结束后，"奔跑团"和嘉宾们分成由邓超、孙杨、郑恺、Angelababy 和王祖蓝组成的绿队以及由李晨、陈建州、赵丽颖、陈赫和王宝强组成的红队。

在"团体跳高"环节中，为了越过一米五的横杆，队长邓超尝试了各种跳法，最后发现，用像"蛙跳"一样的正面跳法最容易成功。而当天作为绿队成员的他又刚好穿着一件绿色的棉衣，于是颜色、动作一匹配，原本还算是"男神"的邓超突然就变成"青蛙"，搞笑的动作让在场的人们都笑得直不起腰来。

邓超挑战跳高变"青蛙"

Part 3

泳池大作战
拼不过泳技也比不过腹肌

　　为了配合本期两大运动健将孙杨和陈建州，节目组特意安排了游泳和篮球这两样他们擅长的运动项目。不过，规则自然是被改得爆笑无比。在游泳接力比赛中，为了使比赛更具公平性，孙杨不但只能游最后一棒，而且还被节目组设置了巨大的游泳障碍。不过，这也没能阻止奥运冠军发挥实力。在大家准备入水比赛时，孙杨脱衣秀腹肌让周围的"综艺大咖"都惊呆了，现场一片惊呼。

萌萌哒！！！

哇

Part 4

"新年运动会"火热开战
游泳巨星拼不过陈赫

　　《奔跑吧 兄弟》能火成这样，和节目中层出不穷的新鲜游戏有很大关系。这次"室内运动会"的布置十分有趣，传媒学院的体育馆被改造成一个小型"游乐园"，红绿两队需要完成蹦床取球、障碍运球、滑道运球、巨手投球四个环节。每个环节听起来简单，实际上都暗藏"杀机"。对明星们来说，又是一场"丢盔弃甲级"的考验。

　　当看到游泳巨星孙杨的身影时，大家一度觉得这个配置太欺负人：这不明摆着欺负另一个队么！但开始录制后，巨星孙杨的表现却令人大跌眼镜，先是"障碍运球"，两条大长腿无论如何就是夹不住皮球，哪怕把裤脚卷到大腿根儿也没用。队长邓超只好高呼"放着我来"。换到"巨手投球"，先是投进了球但被指出"踩线犯规"，然后就无论如何找不到手感了。几十次投篮不中，果然"隔行如隔山"，篮球和游泳完全是两回事。而让人"吐血"的是，另一队站在这个位置的是陈赫，他竟然只投了几次就投进去了。

放着我来
！！！

Part 5

"奔跑团"不改初心
只为把快乐带给观众

　　《奔跑吧　兄弟》录制到现在，每个成员都有自己的鲜明特色。陈赫一如既往地"贱气四溢"，他和王祖蓝组成"最弱二人组"，虽然分处红绿两队，却勾肩搭背，好不亲热。邓超掌控全局，哪个顶不住了，他就"放着我来"。李晨无比劳心，但往往吃力不讨好，和总是小兵立大功的"少林宝强"相映成趣。Angelababy单看也不觉得如何，但跟任何一个参加节目的女明星嘉宾相比，那就妥妥显出"女汉子"本色。

队长邓超坦言，做这档节目从来不担心和韩国《Running Man》作比较，因为自己一直是本着学习的心态在录制节目，包括去韩国录制的时候，和RM"七只"一起共事。邓超表示："他们经验很丰富，也很会照顾我们，非常关心我们，传递给我们的不是你死我活的厮杀，而是团队精神和娱乐精神。"邓超称，这就是"奔跑团"学习的重点——怎样把快乐带给中国的观众们。

相比邓超的理性，"能力者"李晨意外显得感性。"我觉得这个节目录完那天我会大哭一场，不是因为伤心，而是因为青春的记忆。"李晨回忆，很多年前在某个剧组，杀青时痛哭流涕，和每个人拥抱告别，"在那之后，很多年没这种感觉了，但这个节目录完后，我会这样的。"

第十三期
杭州
寻/找/神/秘/人

奔跑吧
兄弟 RUNNING MAN

"奔跑团"变身福尔摩斯
抽丝剥茧努力"寻找神秘人"

第十三期 杭州

寻/找/神/秘/人

开年第一跑，正能量不能少

收视破 3、冠名过亿、引发"撕名牌"热潮、"奔跑吧 XX"随处可见、话题热度居高不下……种种现象都毋庸置疑地表明：《奔跑吧 兄弟》已经成为 2014 年最火的"现象级"综艺。

新年伊始，万象更新，2015 年《奔跑吧 兄弟》再度如约开跑，为新的一年送上一个充满欢乐的开头。开年第一跑，正能量不能少。本期节目再度挑战"奔跑团"的智慧，为观众献上一部"奔跑悬疑大片"。

Part 1

"奔跑团"挑战极限动作
贡献开年正能量

　　《奔跑吧 兄弟》中总是充满各种有趣又好玩的游戏，为了完成这些挑战，"奔跑团"或是齐心协力共渡难关或是独自向前挑战极限，努力的过程中也总能展现各种正能量的桥段。作为曾被《人民日报》点名称赞的正能量节目，《奔跑吧 兄弟》开年第一跑的第一个环节就充满了正能量。

　　游戏中，"奔跑团"需要在令人闻风丧胆的指压板上站立 10 秒钟。当然若只是站着，对于身经百战的"奔跑团"来说根本不算挑战，这个挑战的难度在于"奔跑团"不能全都用双脚站立，拥有十四只脚的他们只能用最多九只、最少一只脚站在满是"小竹笋"的指压板上，具体用几只脚还得看运气。

OH！NO！

为什么命运不眷顾邓超？？？

　　俗话说，天将降大任于斯人也，必先苦其心志，劳其筋骨。于是，开年第一期，队长邓超就非常"幸运"地抽中了堪称极限的终极挑战：全员七人只用一只脚站在指压板上！几乎不可能完成的难度，让队友们都纷纷表示要脱离退伍，和邓超断交。自知"罪孽深重"的邓超原本还想激励队友，大呼："真以为我们做不到了吗？"谁知他话才刚出，弱气满满的陈赫就毫不留情地拆台说："真做不到！"不过玩笑归玩笑，挑战还是得继续。

指压板噩梦

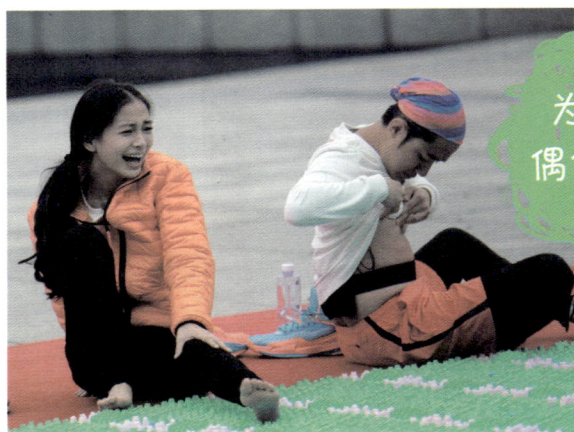

为了录节目
偶像包袱全无

几经周折，众人终于想到完美的解决办法：由"大黑牛"李晨"打底"，体重最轻的 Angelababy 和王宝强双手撑地把脚架在他身上，其余人再用同样的方法叠下去。终于，在众人的努力下，这个看似不可能的任务也被"奔跑团"挑战成功。挑战过程中，李晨"敢做孺子牛"承担最大压力、"女神"Angelababy 顶着被臭屁攻击的压力让郑恺的"臭脚"架在肩上……种种团结努力挑战极限的表现，给新一年的"奔跑"注入了满满的正能量。

集装箱逃生众人大秀舞技
你争我抢李晨花内裤曝光

在《奔跑吧 兄弟》里，撕名牌环节让观众见识到了"肌肉男"李晨彪悍的一面，然而在本期节目中，"大黑牛"李晨在做游戏争抢线索时，竟然意外被"跑男兄弟"扯掉了裤子，露出了打底花内裤。没想到因为节目中短短几秒钟的镜头，李晨的内裤竟然成为微博头条，上了热搜榜。对此，网友调侃道："郑恺因为屁火了一把，晨哥因为内裤又火了把，这节奏下去……"甚至还有网友笑称："一条内裤都上了头条，你让汪峰怎么办？"

英雄，放过我的脸

只有我最摇摆！！！

王祖蓝 ？？？

把我们关起来干吗？

锁打不开！！！

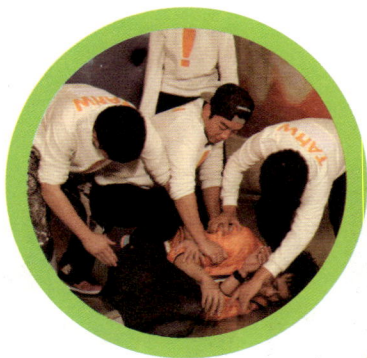

Part 3

邓超展现"神演技"
打造"奔跑悬疑大片"

　　本期 《奔跑吧 兄弟》再度开启"大片模式"，"撕名牌大战"中《007》般的动作冒险加上《夏洛克·福尔摩斯》般的侦探迷情，让观众们沉浸在惊险刺激的剧情中，直呼过瘾。

　　节目中，队长邓超竟然成了"终极大 BOSS"。为了完成任务，他必须在被小伙伴们发现真实身份之前，淘汰掉所有"奔跑团"成员。在整个游戏过程中，他不但要时刻提防身份被发现，还得把握机会伺机而动，淘汰兄弟，情感的煎熬已经让他心神大乱，每每"动手"前都要纠结半天；随时有可能被发现的"反派"身份更是让他如坐针毡，甚至紧张到记忆"断片"。不过，即使在这种情况下，身为实力派演员的邓超依然展现出令人惊叹的"神演技"，不但骗过了几乎所有兄弟，还顺利取得了最后的胜利。

"神秘人" 邓超的下场！！！

　　2014年，邓超自导自演的《分手大师》豪取6.6亿票房，对于"自导自演"这件充满体力、脑力双重挑战的事，邓超可以说是已经得心应手了。只见他一会儿追击根本不存在的"神秘人"，一会儿顺水推舟误导"队友"，把自己的照片猜成樊少皇、彭于晏，甚至在最后还自撕衣服、弄乱发型，佯装被人袭击，以假乱真的表演让毫不知情的"奔跑团"纷纷放下防备，走进他的剧本中。拥有'上帝视角'的观众们则被这一幕幕场景逗

真的是你？！！！

这就是"如花"！！！

得爆笑不止。不少网友在看到邓超追逐不存在的"神秘人"、又假装被"神秘人"攻击的一幕后，直呼："超哥，你这么爱和空气玩，'娘娘'她知道吗？"为了消解"奔跑团"对自己的怀疑，邓超对着自己的照片大喊："这就是'如花'。"毫不犹豫的"自黑"行为也让不少网友开玩笑说："你终于承认自己是'如花'了。"

只发挥了平时水平的六成！！！

影帝级的表演！！！

不过，这些精彩的表演在邓超自己看来，却完全没达到自己平时应有的水准。在节目中邓超表示，因为对"奔跑团"的愧疚感，这次他只发挥了平时水平的六成，对此网友们纷纷表示："这都只有六成？超哥你太谦虚了，我怎么看都是影帝级的表演啊。"

第十四期
重庆

秘 / 密 / 合 / 伙 / 人

奔跑吧
兄弟 RUNNING MAN

《奔跑吧 兄弟》上演 "秘密合伙人"
第一季将完结 粉丝大呼不舍

第十四期
重庆
秘/密/合/伙/人

全员到齐

　　作为第一季的倒数第二期节目，"秘密合伙人"还未播出就已经有不少网友纷纷留言表示："看完这期就还剩一期了，感觉好像留到最后的糖果一样，都舍不得看了。"不过，大多数网友还是没能抵抗得了第一时间的欢乐诱惑，齐刷刷笑完一期，转脸又开始哀叹。网友@笑无双甚至表示："看之前舍不得看，结果没忍住。看完后更舍不得看下一期了，节目组就不能全年一直做吗？最好一星期做两期。"面对粉丝的不舍，节目组也只能表示："短暂的分别是为了下一次更好的相聚。"在节目播出前，微博上就已经发起了＃跑男你最舍不得谁离开＃的话题，引来无数"奔丝儿"投票留言，结果队长邓超、"小猎豹"郑恺和"小贱贱"陈赫以微弱的优势，成了大家心目中的"人气王"。而之后是否真的会有"奔跑团"成员离开，节目组表示一切还有待商讨。

原来大哥是
王祖蓝

　　本期节目中，身为"秘密合伙人"的陈赫和Angelababy可算是绝对主角，他们与不明真相的"奔跑团"和嘉宾们斗智斗勇完成任务，成了节目最精彩的看点之一。近期才在电影《微爱》中有过合作的二人，也将戏里的默契带到节目中，心有灵犀的表现让观众大为惊叹。此前深陷"离婚风波"的陈羽凡和白百何夫妇，此次在《奔跑吧 兄弟》中首度"合体"，虽然没被分到一组，却依然不能阻止他们大秀恩爱，甜蜜的表现令网友大呼："受不了"。

"奔跑家族"

"兄弟家族"

网友票选"最不舍"
邓超、郑恺、陈赫人气旺

　　作为季播节目，《奔跑吧 兄弟》十五期的节目量已经算是"加量不加价"了，因为一般来说季播节目通常一季只有十二期。尽管如此，对于热爱"奔跑"的"奔丝儿"来说，十五期还是十分"不够看"。不少网友在这期节目播出之前就已经在网上留言"跪求全年无休"，甚至还有粉丝表示愿意"砸锅卖铁赞助，只求一周两播"。尽管粉丝如此不舍，第一季《奔跑吧 兄弟》即将完结仍是个不可逆转的事实。在本期节目播出前，微博

"阑尾兄弟" PK

WE ARE
伐木累
！！！

上发起了 # 跑男你最舍不得谁离开 # 的话题，引来无数粉丝投票留言。虽然大多数粉丝都表示"一个都不能少"，不过队长邓超还是以微弱优势登顶，紧随其后的则是"小猎豹"郑恺和"小贱贱"陈赫。经过一季的考验，邓超的队长之位绝对实至名归，不论是第一期放弃胜利救"宝宝"，

"宝蓝兄弟"

还是在之后的节目中把握节奏、气氛，种种表现都令大家对他颇为认可；郑恺则是"综艺之神"的宠儿，在第三期节目中"一屁成名"后便从此一发不可收拾，人气迅速蹿升。他与陈赫组成的"阑尾CP"更是堪称"奔跑双璧"，看他俩插（da）科（qing）打（ma）诨（qiao）已经成了不少粉丝最期待的一件事；"小贱贱"陈赫前几期还因为身体原因存在感比较弱，不过之后"贱萌"表现就让大家知道什么叫"可爱又迷人的反派角色"，口头禅"你是猪吗？"还被"奔跑团"全员学以致用，成了最受大家欢迎的一大金句。

之前就有传言说人气"小鲜肉"吴亦凡或将在下一季加盟"奔跑团"，于是不少网友猜测这次投票是一次"投石问路"，人气低的成员或许将会被替换掉。究竟事实是否如网友所猜测那样，答案还有待下一季揭晓。

敬请期待

爱学习的
郑恺

Part 2

拍完电影录节目
陈赫、Angelababy 默契十足

在本期 《奔跑吧 兄弟》中，陈赫和 Angelababy 成为"秘密合伙人"，为了赢得最后的胜利必须在队友们的眼皮底下合力完成任务，不过这对他们来说其实并不算难。陈赫与 Angelababy 共同主演的电影《微爱之渐入佳境》，在《智取威虎山》和《一步之遥》的夹击下票房累计突破 2.83 亿，成为贺岁档的一大黑马。他们在电影中为了梦想通力合作，谱写出一段微爱恋曲，合作已经颇为默契。这次从电影转战"奔跑"，两人也把在电影中培养起来的默契带到节目中，一个细微的眼神或动作已经能传达出只有对方能读懂的复杂信息，完成任务自然是水到渠成。

陈赫、ANGELABABY
默契十足

被蒙在鼓里的"奔跑团"和嘉宾们甚至直到最后揭晓答案，都没反应过来他们在游戏中有什么不对劲的地方。从一开始就知道二人身份的观众们，则对他们的默契表现赞叹不已。不少网友表示："最后陈赫真的是在祖蓝的眼皮底下完成任务的啊，那一瞬间的Baby是和他心意相通了吧，配合得简直天衣无缝。"

229

Part 3

陈羽凡、白百何
"合体"秀恩爱甜倒网友

　　陈羽凡和白百何结婚八年，一直堪称娱乐圈的模范夫妻。前不久娱乐圈风波不断，他们也被爆出"感情出现危机"，更有网友恶搞出两人的"离婚协议书"，令对感情生活一向低调的陈羽凡忍不住怒而回击，表示要诉诸法律。此次，他们共同现身《奔跑吧 兄弟》，也是在"离婚风波"后首度一起现身综艺节目。虽然在游戏中陈羽凡和白百何被分到两个敌对"家族"，势同水火，不过在"反目成仇"的行动中两人秀出的不少恩爱小动作还是让网友大呼："甜死了。"在最开始的游戏环节里，陈羽凡在队友的逼视下还会偶尔"大义灭亲"，放狠话、泼冷水都毫不

你希望跟李晨要一个？！

陈羽凡、白百何夫妻对弈

手软。不过，每次取得胜利后，陈羽凡非但没有一丝开心表情，反而士气低沉、一脸郁闷。在"撕名牌"环节，陈羽凡面对白百何的撒娇攻势可谓毫无抵抗之力，不但接连"放水"，还阻止队友对她"狠下杀手"。最后，两人单独相处时白百何则以香吻回赠，场面甜蜜至极。不少网友在看完这一幕后纷纷表示："这恩爱秀得简直'丧心病狂'，我才不会说我羡慕嫉妒恨呢。"

第十五期
重庆
超/能/力/巅/峰/之/战

奔跑吧
兄弟 RUNNING MAN

《奔跑吧 兄弟》 "超能力大战"
第一季感动收官 集体泪奔

第十五期 重庆

超/能/力/巅/峰/之/战

"史上最精彩一战"

  本季《奔跑吧 兄弟》从第一期首播到最后一期结束，一路走来，节目的收视率节节攀升，赢得广泛好评。网友们一致表示，周五不能没有《奔跑吧 兄弟》，并期待第二季赶快归来。本期节目是第一季的最后一期，节目中欢笑与泪水并存，不舍离别的情绪感染每个人。"奔跑团"尽心尽力为观众们奉上本季《奔跑吧 兄弟》最后的 "欢笑大餐"。

  此次 "超能力" 特辑中，每个 "武功大成" 的 "奔跑团" 成员都获得了专属的 "超能力"，而这些超能力都源自中国武侠故事。在游戏中，"奔跑团" 将各自的能力发挥得淋漓尽致，令本期 "撕名牌大战" 成为 "史上最精彩一战"。

Part 1

分身？瞬移？武侠神功附体
"史上最精彩撕名牌大战"上演

　　"撕名牌大战"作为《奔跑吧 兄弟》的保留项目，可以说是"奔跑"的灵魂所在。每期节目都不相同的创意设定，也让这个游戏始终充满新鲜活力，百看不厌。

　　在本期节目中，"奔跑团"化身各个朝代的武林高手，穿越到现代，为了一本武林至尊秘籍《如意真经》而大打出手。因为是"超能力"特辑，经过两轮游戏"修炼"后，每个"奔跑团"成员都得到了属于自己的专属超能力。这些炫酷的超能力，不但把这场"撕名牌大战"变成了史上最精彩的一场大战，并且因为某个超能力设定，使这次的"撕名牌大战"成为史上用时最长的一场。

"宝蓝兄弟"意念"厮杀"

237

我乃！东方BB

"火眼金睛"、《葵花宝典》

　　"少林宝强"拥有"分身术"，能同时召唤六个分身，虽然这些分身只能帮助他防守而不能进攻，但在单打独斗时，再强大的人面对这样的"人墙铁壁"也无能为力，堪称单挑无敌；李晨的"降龙十八掌"则能在使用后召唤整个场馆中的十八个铜人，让他们把指定对手带到自己面前，虽然铜人每次只能召唤两个且有区域限制，但对原本就无敌的"大黑牛"来说绝对是如虎添翼；Angelababy不但拥有知晓所有人能力的"火眼金睛"，

"分身术"

无名王

"乾坤大挪移"

令狐赫

"醉拳无敌"

任我超

"降龙十八掌"

郭靖晨

"毒气"

欧阳恺

把那本书给我！

"斗转星移"

长空祖蓝

还有一本堪称无敌的《葵花宝典》，不出手则已，一出手则必有人被淘汰；郑恺的"毒气"简单粗暴，只要被喷到名牌就会变大，硕大的名牌撕起来简单得如同探囊取物；邓超的"醉拳无敌"则能使自己的名牌变小两分钟；而最最"BUG"的要数陈赫的"乾坤大挪移"和王祖蓝的"斗转星移"了，时空类超能力用起来简直霸道无比。

Part 2

《奔跑吧 兄弟》第一季感动收官
笑泪并存舍不得说再见

　　在以往的《奔跑吧 兄弟》中，欢乐一直是节目的主旋律，"奔跑团"玩着玩着都笑得停不下来，开心的氛围从开始一直持续到结束。但本期节目中大家笑着笑着，却都哭了。

　　作为第一季的最后一期节目，本期节目完结后，《奔跑吧 兄弟》将暂时告一段落，所以这次的"撕名牌大战"也是本季最后一场了。游戏刚开始时，"奔跑团"还沉浸在得到超能力的新奇和兴奋中，一边揣摩着超能力的用法一边撕得不亦乐乎。但当伙伴们一个个被淘汰离场，游戏逐渐接近尾声，留在场上的"奔跑团"才忽然意识到，这场游戏结束后，大家就要暂时道别，回到各自的生活轨迹中了。

陈赫，为什么要撕我？？？

对不起，晨妈妈——！

性情大变的陈赫

没有稀奇古怪的任务，没有痛并快乐的指压板，也没有热闹欢乐的撕名牌。于是不可思议的事情发生了。邓超因为陈赫的超能力有机会直接淘汰郑恺，面对近在咫尺，甚至可以说已经到手的名牌，邓超却因为不忍心下手而放过郑恺。因为不想再去撕别人的名牌，面对王宝强的进攻，陈赫不但毫不抵抗，还摆出一个酷炫的 pose，一副要完美 ending 的架势。看着这个突然性情大变的陈赫，王宝强虽然已经将名牌抓在手里，却在最后关头突然放手，苦笑一声后默默走向角落，像是不想让人看见自己的表情。而当最后陈赫终于被淘汰后，在之前的节目中每次被淘汰反应都最激烈的他，这次却淡然地表示："没关系，这对我来说是种解脱。"Angelababy 在陈赫被淘汰时说的一句"每淘汰一个人都觉得好难过"，也直接道出了大家的心声。

哭吧！没关系，你知道吗？刚才傻牛（李晨）哭了好几遍呢。

Part 3

聚散有时，奔跑不止

　　或许对于"奔跑团"来说，他们都希望这个快乐的游戏能够永远不要结束。不过是游戏总有结束的时候，最后大家聚在一起，听着"奔跑队长"邓超总结这一季所有人的表现，大家都热泪盈眶，郑恺和 Angelababy

聚散有时，奔跑不止

更是一直泪流不止。看着Baby想哭又不好意思哭的表情，邓超还安慰她说："哭吧！没关系，你知道吗？刚才傻牛（李晨）哭了好几遍呢。"十五期一路走来的欢乐越是刻骨铭心，离别时的伤感就越是让人难以承受。大家紧紧拥抱着，久久不愿放手。笑了十四期，却在最后一期哭了这么一回，只是舍不得说再见。

聚散有时，奔跑不止！期待再次相聚！

奔跑吧 兄弟 RUNNING MAN

独家揭秘：“跑男”是怎样炼成的
编剧、导演组首次联席采访录

负责编剧的
总导演岑俊义

现场执行的
总导演陆皓

总制片人俞杭英

《奔跑吧 兄弟》负责编剧的总导演岑俊义带队，编剧组陈旻、张越、王慈鸣、陈未央，导演组张可瑞、李睿、沈炀、朱立奇、赵天扬、黄磊，如此超奢阵容，首次联席接受采访，从案内人视角揭开这档集万千宠爱于一身的综艺新贵的幕布一角。

《奔跑吧 兄弟》绝对年轻化，两个总导演中，负责现场执行的总导演陆皓是70后，跟随总制片人俞杭英征战多年，负责编剧的总导演生于1984年，编剧、导演团队主力是85后，其中不乏90后的身影。专业化保证了节目品质，年轻化保证了节目的活力、综艺感和观赏性。

85 后制造

　　问：编剧、导演团队平均年龄大概是多少？

　　答：平均说的话，小的大概 86、87 的样子。

　　问：小的有多小？

　　答：最小的有一个新来的大学生，90 年的。

　　我先解释一下，我们《奔跑吧　兄弟》其实是两个总导演。我是偏内容编剧这一块，另外一个是陆皓，他是偏现场执行这一块。

　　问：我特别关心年龄，您……？

　　答：我 84 年生的。

　　问：陆导呢？

　　答：七几吧？

　　问：我们说些基本的大众话题。比如说，我们这个节目跟韩国《Running Man》比有哪些继承，但我发现其实继承很少，创新特别多、本土化特别多？

导演组

　　答：其实两个节目的精髓都是一样的。包括经典的撕名牌、指压板我们都会保留，包括节目中常常会用到的推理，这些我们都会保留啊。一些制作手法是一模一样的。他们会出一个剧本，我们也会出一个操作手册似的剧本，跟他们的制作流程是一模一样的。可以说他们怎么做我们就是怎么做的。只是我们的内容、游戏、场地，都会根据我们的现实来改进，做一个本土化的改变。

　　问：从节目的品质上和节目的规程上其实做法都一模一样的？

　　答：一模一样的。因为我们是联合制作的嘛。所以一开始前面五期是以韩方为主，后面十期完全由我们独立制作，但操作手法都是一模一样的。

　　问：那有一个说法是……之前总制片人接受采访的说法是：前五期是他们（韩方）在一起做的，后来他们就撤走了。

录音组

答：没错，没错。我们自己开发。

问：那之前我们对 MC 是怎么考虑的？为什么选他们？

答：性格能够适合真人秀，然后能够把自己的性格表现出来。这是一个很大的原则。同时当然是"咖"越大越好。

问：同时又有档期，有意愿。

答：对对，没错。

问：嘉宾的选择是有什么标准，还是说跟这七个人要有什么关联和区别吗？

答：嘉宾选择有很多种情况。我们每一期主题都是不一样的，可能我们每个主题需要的人数都不同。某一期我要两队对抗，总共七个人，那我势必要再请一个。或者某一期我要设计成三队对抗的，只有七个人，要请两个。类似这种，这是根据我们的主题设置的。另外是可能有一些嘉宾正在热头上啊或者我们特别想要的呀，我们也会去找。

问：你们会不会通过这七个人，比如李晨和马苏以前在一起演过戏，他跟谁关系比较好之类的去找？

答：我刚才说要再找两个，那么这两个的条件就是：第一要跟他们有够熟；第二就是这帮人是真性情的，他不会在那儿"端着"或"装"。但是不会通过他们去找。我们一定是瞒着他们的，只有到了现场才知道来的是谁。这个节目艺人为什么会参与得很开心，很大一个原因是节目的未知性。他们就是带着来玩的心就来了，他们不知道来了之后会怎么样，会来多少人，最后会玩什么游戏。他们都一概不知，是慢慢玩才知道的。

问：所以每一次呈现都特别真？

答：对啊，因为是真的呀。包括他们的害怕，包括他们的痛啊，都是真实的情绪流露。

化学反应回报的惊喜

问：当时对他们七个的角色设定有什么分配啊？

答：我们从来没有设定过。这个我要郑重地重申一下，我们从来没有要把他们跟《Running Man》的一个一个去对应。

问：不会对应韩版，那会不会自己来想，比如邓超应该是怎样怎样的？

答：没有。做一个节目之前我们不会来设定说这个人要做什么样的角色。除了邓超，只有邓超我们想让他做一个队长的角色。其他人我们没有说想要这个人往什么方向发展，那个人往什么方向发展。从来没有。

问：那有没有预期呢？比如知道王祖蓝一定是"鬼马"？比如王宝强会比较憨直？

答：这个会有。我们只是根据资料上对他们的第一印象有一个预期。

问：还有他们的演艺经历。

答：没错，包括陈赫在《爱情公寓》里也很"贱"啊，宝强相对来说是比较憨厚一点，还有 Baby 虽然是"女神"，但是性格还是蛮开朗的呀。这都是我

编剧组

们的预设，但是做的过程其实是他们性格的真实展现，我们不会去"拗"。他们真实性格是什么样的，就是什么样子。还好，宝强和陈赫他们的性格跟银幕上的还蛮像的。

问：但是我看有时候可能加强了一下。宝强好像加强了一下，有时候好像挺能搞笑的哦？

答：那就是他的性格。真人秀节目我们不会让你演一下啊，或者怎么样一下啊，我们不会做这种动作的。

问：那在拍的时候，他们在游戏中的一些表现会让你们觉得意外吗？比如Angelababy 有时会有点拼。

答：在他们来之前，其实我们已经了解过他们的性格了，所以最后表现成这样倒没有特别意外。唯一意外的是我们没想到中国艺人可以这么拼。我们想到他们会拼，参加这个节目的前提是他们都知道《Running Man》，知道我们想要的是一个什么样的节目，所以他们已经接受这个前提了。参加这个节目是要拼的，是要大家一起努力的，所以大家已经接受了。只是我们没想到他们是如此拼。包括比如下泥潭，他们甚至已经给自己提前做好预设：我们终于要玩泥啦！类似这种感觉。

问：我想请问四位有各自的任务吗？比如你写陈赫的剧本什么的？

答：没有。我们的剧本不是让他们说什么台词啊，走位啊，跟影视剧完完全全不一样。我们其实更像是在做一个操作手册。

问：差不多是一个游戏环节？

答：就是一期节目。

问：机位啊，整个……？

答：机位没有。我是指内容这一块。包括陆导要说的话，我们也是全部写好的。我们会预判一下这个游戏过后艺人大概会是一个什么反应，然后会有几种预设。比如说艺人是 A 反应会有什么结果，B 反应会有什么结果，C 反应是什么结果。我们的剧本是这样子的。其实更像是一个操作手册。

问：其实是你们在设计游戏的玩法，是吧？

答：对，设计各种游戏的玩法。包括游戏的结果出来之后怎样应对，我们的剧本里也会写得非常细。像使用手册、说明书。

问：每个游戏你们自己都会玩一遍吗？

答：会。编剧组出了案子之后，导演组在执行方面有一些自己的见解，会和编剧组沟通，特别是场地和游戏的规则、流程，在实验过程中再做一些调整、完善、提高。因为导演组更多地考虑操作性方面的问题。比如说重庆泼水那一环节，一开始编剧的想法是五对五开始泼，但是五对五的泼水画面，机位可能没法聚焦，呈现在屏幕上不如一对一好看，后来也就改成了一对一。

问：明星会想修改游戏规则，不按规则出牌吗？

答：每一个游戏开始之前都不知道，所以他们都有新奇感，第一次知道规则，有时候他们也并不是太清楚。他们有时候在玩完之后或者玩之前都会有一些疑问，正常的。我们这七个人呢，跟韩国那些人不太一样，中国人喜欢问，我们告诉他们一些规则之后，他会再带着一些思考来问你。但是韩国艺人不太一样的就是，说什么他们就去执行。我们这些 MC 可能会想一想。特别像李晨，他会比较纠结于规则或者这些东西可不可行，因为他是"技术控"嘛。

问：陈赫好像有点回归，感觉他在节目里没有那么"贱"？

答：蛮"贱"的呀。我们以为他生活中不这样，没想到完全是本色出演啊！而且只有更"贱"。演曾小贤的时候虽然"贱"，但是别人还会觉得他很老实。而且他跟李晨简直……

技术组

问：他跟李晨也是你们设定之外的吗？

答：对，设定之外的。真人秀最大的魅力在于我们只做预设。现场根据各种游戏、各种进程，他们自己会产生化学反应。

问：那请问在他们之间产生这种反应之后，有没有故意地强化，来进行设计？

答：这个会有。因为陈赫和李晨是我们在韩国那期里把他们分组分在一起了，两人还蛮出效果的。所以后来我们在分组的时候说要不让他们两个再分在一起试试看。或者"宝蓝兄弟"，让他们试试在一起。当然几次之后我们会重新搭一次，让李晨和谁搭搭看，或谁跟谁搭搭看。我们希望他们能够出来各自的化学反应，没想到他们两个是让观众印象最深的，那其实也就是一个蛮好的点。

在荧屏次元"重生"

问：这七个人里面你们比较欣赏哪位？

答：这七个人每一个都很好。这不是客套话。虽然我做节目年数不多，但是这些艺人是我见过的最最敬业的艺人，每一个都是。

问：看这档节目感觉对他们七个人重新认识了一下。你们让观众重新认识了这七个人。这七个人在这个节目里分别有哪些改变？

答：性格其实没有任何改变，只是之前大家不了解而已。大家把剧里面的他们和真实的他们混淆了，基本上觉得他们在剧里面是什么样的，在私下里也是什么样。

摄影组

问：会给他们一个准则吗？比如说要赢？

答：不可能。那是他们的性格。如果告诉他就不是真人秀了。就像李晨，不管你怎么"拗"他，他就是很认真啊。虽然对于结果他可能不怎么看重，但

宣传广告组

是他就是跟你较真啊，就说这当中的某个细节我觉得这么设计是不合理的，我觉得那样会更好。就是你没有办法去"拗"一个人。像陈赫你又不可能把他"拗"得不"贱"。

问：有没有可能因为类似于李晨这种坚持，你们为他改变一下游戏规则？

答：不会。我们就是规则的制定者，而且之前我们也经过推演。这个节目最大的原则就是，我们会告诉他们，我们给你们设计好一个游戏，游戏过程中你们爱怎么玩就怎么玩。规则告诉他们就好了，至于用什么方法、手段就随便他们了。

问：那这次有没有可以披露的花絮，或者内幕？比如说在摄制的过程中他们发生的一些特别有趣的、囧的或者印象特别深刻的意外的事情。

答：太多了，每期都有。但是大部分好的东西我们已经全部用在节目上了。这个节目让我们觉得很有成就感的一点是，我们把我们觉得好的很多方面的东西全部展现出来了。

给我印象很深的就是每一期的观众、粉丝。尤其最后一期，凌晨3点多录制现场门口还是围了很多粉丝，粉丝就在我们撕名牌场地候着，哪怕几个小时见不到明星。

问：在活动当中有没有突发情况，很棘手或者难以应对的？

答：重庆大锅。因为当时编剧想重庆是火锅之都嘛，我们就根据案子找到了"天下第一锅"，是一个直径十多米的大火锅。耗了大概一个多星期终于把那个锅谈下来。那个锅其实搭建差不多就需要一个多星期，而重庆的时间特别紧。然后我们在那边周旋，差不多花了一个多星期把它谈下来，因为拍完的第三天还是第四天它就要去参加重庆的火锅美食节。我们在南明路那边会展中心广场搭了三四天，但是后来因为人太多了，拍摄没法继续下去，被迫取消了。

问：临时改方案会不会影响效果？

答：节目效果出来挺好的。大家在那里抢吃火锅的机会就是拉来拉去什么的。在武汉"三校争霸"那集，当时固定下来三所学校，准备了差不多半个月，突然在中南民族大学体育馆拍小片的时候，门口大概有四千多人，把整个体育馆团团围住了。然后我们就取消了，取消之后就很被动了，因为当时我们准备的是三所学校，做一个三校对抗的比拼。我们整个导演组在录影的前一天晚上10点钟被迫只能到武汉大学去找一个备用的场地，外面下着大雨。那次对我来说算是整个拍摄过程中比较被动的一次。

问：类似"宝强掉西湖"这种情况实在是太意外了。类似这种事遇到太多太多了吧？

答：在不影响大家观感的情况下，我们秉承真实记录的原则，继续播出的。因为是真人秀节目，这也是真人秀节目的魅力所在。

问：对于你们来说，一个是人的问题，还有就是道具，还有就是特殊地点的限制，还有什么别的制约因素吗？

答：天气也是一个不得不考虑的问题，下雨的话比较麻烦。我们问过韩国《Running Man》的总导演怎么解决下雨的问题。他说雨下大了，就不要拍。

雨天工作者

但对于我们来说明星的档期是死的，而且每期时间很紧，我们基本上要在一天之内就把节目拍出来，天气经常会影响到我们的正常拍摄。在武汉那集，大多数景都在室外，而那天天气又不太好，所以我们也挺心疼我们的艺人，他们淋着雨完成所有拍摄，粉丝也陪着他们淋。

问：你们在这个节目中有什么收获或者想表达的东西？

答：这个节目的艺人都比较平易近人。比如说艺人会去厕所抽根烟，因为实在累死了，受不了了，然后我们会一起去。还有去喝咖啡什么的，你会觉得他们很生活化，跟普通人一样。这也是我们在节目里面想让他们展现的样子。

问：艺人不像普通百姓，要注意自己的形象，那么会不会掩盖缺陷？

答：这个所谓的"缺陷"恰恰就是他们可爱的一面，每个人都有他的特点。其实私下大家都还好，真的都还好，没什么负面的。他们能够达到这个位置，跟他们自身的努力和修养是有关系的。这并不是一档"你看这些人多么完美"的节目，所以节目当中郑恺放屁、邓超"We are 伐木累"等都是当时实际发生的。

全体合影

WE ARE 伐木累 !

在观众看来，艺人的"缺陷"在这个节目里是另外的亮点，观众觉得他更加"接地气"，想要跟他拉近距离。

邓超是非常大牌的明星，他对这个节目非常认真，认真到什么程度？在韩国的时候他不是被欧弟跟林更新吵到睡不着嘛，于是他拉着我们聊节目聊了一宿。第二天早上他大概只睡了一个小时，然后又起来，继续两天的录制。

杭州新年运动会那期，陈赫已经被指压板弄得痛得受不了了。他是非常孩子气的一个人，把指压板拆开来往外丢。他在把他最真实的一面给你看。

问：还有哪个艺人让你们印象格外深刻吗？

答：王宝强是一个特别认真的人。那期他当"内奸"，他会因为"内奸"的身份而压抑，甚至觉得对不起其他六位成员。他是特别平易近人的邻家大哥哥，会武功，喜欢翻墙。在奔跑的过程中，跟他的导演张可瑞是一个瘦小的女孩子，不比男生。宝强跑得很远之后发现只有摄像，导演没有跟上，他就在原地等着，等导演追上了之后再一起跑。